braumüller

Gerhard Köpf

Die Legende von Montecassino

braumüller

Bibliografische Information der Deutschen Nationalbibliothek
Die Deutsche Nationalbibliothek verzeichnet diese Publikation in der Deutschen Nationalbibliografie; detaillierte bibliografische Daten sind im Internet über http://dnb.d-nb.de abrufbar.

1. Auflage 2021

Servitengasse 5, A-1090 Wien
www.braumueller.at

Coverbild: Bundesarchiv, Bild 146-2005-0004 / Wittke / CC-BY-SA 3.0
Druck: FINIDR, s.r.o., Lípová 1965, 737 01 Český Těšín
ISBN 978-3-99200-311-2

„Wenn man vom Reich der Wissenschaft ins Reich der Mythen wechselt und dann den Schritt wieder zurücktut, um mit dem Arsenal der Mythen auf die Wissenschaft zu blicken, entstehen von selbst Fabeln."

Cees Nooteboom

Et si omnes scandalizati fuerint in te, sed non ego

Meinem Vater (1906–1989)

PROLOG

Hoch über dem östlichen Ausgang des Val di Susa, gut 30 Kilometer von Turin entfernt, erhebt sich auf dem Monte Pirchiriano die Abbazia Sacra di San Michele, eine uralte Benediktinerabtei, in deren Hauptkirche sich die Gräber der Königlichen Familie des Hauses Savoyen befinden. Der Legende nach soll der Heilige Michael selbst einem Eremiten geholfen haben, das Baumaterial für seine Klause auf den Felsen zu schaffen. Die Sacra di San Michele ist Teil der Via di Pellegrinaggio, die am Mont Saint-Michel in Nordfrankreich beginnt und am Monte Sant'Angelo in Apulien endet. Weltberühmt wurde die Abbazia Sacra di San Michele als Kulisse des Filmes *Der Name der Rose.*

Das war mein Reiseziel.

Ich hatte vor, ein Gespräch mit dem in der Abbazia lebenden Pater Remo zu führen, einem der vermutlich letzten Augenzeugen der Schlacht um Kloster Montecassino, die er als junger Mann miterlebt hat. Darüber wollte ich schreiben und meinen Artikel einem Magazin anbieten.

Dass es nicht einfach werden würde, dieses Thema irgendwo unterzubringen, war mir von vornherein klar. Partisanen zogen besser als alte Mönche. Niemand interessierte sich mehr für längst geschlagene Schlachten. Mit ihnen war man durch, auch wenn bei Weitem nicht alle Fragen geklärt waren. Die meisten Zeitzeugen waren tot. Die meisten – aber nicht alle. Noch immer lagerten, wie ich vermutete, hier und dort verborgene Zeugnisse, noch immer waren nicht alle Geschichten zu Ende erzählt.

Deshalb hielt ich an meinem Plan fest.

Zur Vereinbarung eines Termins versuchte ich, mich mit Pater Remo telefonisch in Verbindung zu setzen, erreichte ihn jedoch nicht. Vermutlich ignorierte er den Anruf. Ich blieb hartnäckig, probierte es zu unterschiedlichen Tageszeiten, stets mit dem gleichen entmutigenden Ergebnis.

Also schrieb ich ihm.

Es dauerte mehrere Wochen, bis ich endlich eine Antwort erhielt, in der mir mitgeteilt wurde, er habe mir zwar Interessantes zu erzählen, wozu er wenigstens eine ganze Woche benötige, er erlaube mir aber nicht, ihn während seines Vortrages zu unterbrechen oder gar Fragen zu stellen, nicht eine einzige, wie er betonte, sondern er verlange ausdrücklich, man möge ihm schlicht und einfach aufmerksam zuhören. In seinem hohen Alter koste es ihn viel Mühe, sich zu konzentrieren. Zu schnell verliere er den Faden, neige zur Weitschweifigkeit, verlasse den vorgezeichneten Weg. Das sei eine besondere Gefahr, wenn die Erinnerung an die Stelle der Tatsachen trete. Für einen Disput habe er keine Zeit mehr, dazu sei er zu alt. Sein Lebtag lang habe er diese Dialoge inwendig geführt. Überdies müsse er immer wieder Pausen einlegen, um Luft zu holen, denn sein Atem reiche nicht mehr für einen Marathon. Er sei ein Kurzstreckenläufer geworden.

Wenn ich dem zustimme und mich strikt an die Vorgaben halte, dann sei er auch bereit und willens, all das für die Nachwelt aufzeichnen zu lassen, was er von sich gebe. Fotografieren, auch heimlich, sei verboten. Er wolle sich weder sein Gesicht noch seine Gestalt stehlen lassen.

Wie sollte das gehen?

Ein Interview ohne Fragen?

Für wen hielt sich dieser alte Mönch?

Da mir die Sache zum einen wegen der seltsamen Bedingungen, zum anderen wegen dieser allürenhaften Wichtigtuerei nicht ganz geheuer war, wandte ich mich an einen Freund. Er arbeitete beim Rundfunk, hatte also einige Erfahrung, und er riet mir, mich trotz dieser Schrullen ohne Wenn und Aber einverstanden zu erklären, denn der Mann sei sehr alt, vielleicht schon ein wenig verwirrt oder ängstlich, gar menschenscheu, und man wisse nicht, wie lange er es noch mache, womöglich habe er aber tatsächlich Interessantes zu sagen. Für die Reisekosten musste ich ohnehin selbst aufkommen.

Ich war ziemlich verunsichert, entschied mich dann aber doch für das Wagnis und überlegte nicht nur, wie gekleidet ich dem Mönch gegenübertreten sollte, ich dachte auch darüber nach, ob ich meine dürftigen Lateinkenntnisse auffrischen sollte. Mit Erschrecken gestand ich mir ein, auch nicht besonders bibelfest zu sein. Zwar war ich einmal Messdiener gewesen, doch ich konnte nicht einmal mehr das *Confiteor* aufsagen, das jeder Anfänger kennt: *Confiteor Deo omnipotenti …* Dann verließen sie ihn. Examensangst stieg in mir auf.

Nachdem ich mit einem diffusen Gefühl im Bauch schließlich ein paar Sachen gepackt hatte, setzte ich mich ins Auto und fuhr los: Richtung Piemont, eine Region berühmt für ihre Trüffel und Weine. Die

Route führte mich über den Brenner, Trient, Verona, rechts ab nach Bergamo, Richtung Mailand und von dort weiter nach Sant'Ambrogio di Torino, wo ich nach gut elf Stunden anstrengender Fahrt ankam, kein Hotel fand und zurück nach Turin musste, um dort frustriert zu Lasten meines ohnehin schmalen Budgets im *Palace Hotel* abzusteigen.

Kein guter Start, wie ich mir einredete, als ich mir an der Bar ein paar überteuerte Drinks genehmigte.

Als ich anderentags den hochgewachsenen, steinalten und nur leicht gebückten, in ein schwarzes Habit mit Zingulum, Skapulier und Kapuze gekleideten Mann mit strengem Asketengesicht in der Abtei Sacra di San Michele antraf, öffnete er mir freundlich wie einem lange erwarteten Bekannten die Tür, führte mich über unendlich scheinende, unangenehm steile Steinstufen wie durch Piranesis *Carceri* weit nach oben in seine gänzlich von Büchern zugestellte, sonst aber behaglich eingerichtete Zelle, in der eine Liege sowie ein mit Akten und Papieren überhäufter, altmodischer Schreibtisch standen, auf dem zu meinem Erstaunen silbern ein nagelneues Laptop schimmerte. In einer Ecke stand ein großer Stockschirm, wie ihn Hotelportiers verwenden. Der großgewachsene Mann mit dem zerfurchten Gesicht, verwittert wie ein verdorrter

Acker, setzte sich nahe am Schreibtisch in seinen an den Armlehnen abgewetzten Lehnstuhl mit altem Lederbezug, den er seinen Lebens- und Lesestuhl zugleich nannte, wies mir einen Platz auf einem bereitgestellten harten Küchenhocker zu und gestattete mir, mein Aufnahmegerät mit dem Mikrofon auf den Tisch zu stellen und an ihn heranzurücken.

Ehe er seinen Monolog begann, bot er mir ein Glas Rotwein an, das neben einer Karaffe auf dem Tisch bereitstand. Dabei zitierte er die Worte des Heiligen Romuald: „Sitze in deiner Zelle wie im Paradies. Lass alle Welt hinter dir und beobachte deine Gedanken, wie ein guter Fischer den Fisch beobachtet."

Ich nahm einen Anstandsschluck, staunte über die Qualität des Weines, machte ein paar Sprechübungen, um zu überprüfen, ob das Aufnahmegerät in Ordnung war, lehnte mich schließlich zurück, und der alte Mann legte mit erstaunlich kräftiger Stimme los. Die Furchen des Wettergesichts wurden lebendig. Er stammelte nicht, er suchte nicht nach Worten, wie das alte Menschen bisweilen tun, sondern er formulierte zu meiner Verwunderung flüssig und ohne zu stocken.

„Vermutlich kennt das jeder", sagte er einleitend und zog einen Stapel Papiere unter seinem Stuhl hervor – er hatte sich also auf unsere Begegnung vorbereitet –, „Man glaubt, etwas für immer vergessen zu haben, bis es eines Tages überraschend wieder da ist, als habe man wochenlang umsonst in einem Heuhaufen eine Stecknadel gesucht und urplötzlich bemerkt, dass sie einem direkt vor den Augen lag. Dann ist alles ganz frisch und wie soeben erst geschehen."

Dabei deutete er mit spitzem Finger auf einen beeindruckenden Berg von Notizen.

AUFNAHME 1. TAG

Eine Tatsache ist ein leerer Sack.
Man muss ihn mit einem Menschen füllen,
damit er einen festen Stand hat.

Leonardo Sciascia:
Der Zusammenhang

Man kann sagen, was man will, eines muss man ihnen lassen: Sie haben immer an den schönsten Plätzen gebaut. Egal, ob man Kloster Andechs auf dem heiligen Berg Bayerns nimmt, Kloster Ettal in den Ammergauer Alpen, Stift Melk hoch über der Donau, Einsiedeln in der Schweiz, Beuron im Donautal oder Maria Laach in der Eifel. Wo sich die Benediktiner niederließen, blühten bald nicht nur die Felder und Gärten, sondern die Kultur überhaupt. Die Örtlichkeit eines Stiftes ebenso wie jene von Klöstern und Abteien beinhaltet neben der Kirche als Zentrum der Gläubigkeit das Kloster mit der Klausur, die Wohn- und Gemeinschaftsräume der Ordensmitglieder und von Anfang an auch Gästezimmer sowie Räume für die Begegnung, außerdem eine Bibliothek, eine Klosterapotheke, die sich aus dem Klostergarten mit seinen Nutz- und Zierpflanzen versorgte, und nicht zu vergessen die klostereigenen Werkstätten.

Die *Regula Benedicti* aus dem frühen 6. Jahrhundert wurde zur Ordnung des gemeinsamen Lebens der Mönche verfasst. Sie enthält in einem Prolog und in 73 Kapiteln Aussagen und Vorschriften über das Verhalten der Ordensbrüder innerhalb des Klosters, die Tugenden, die Anordnungen für den Gottesdienst, sie regelt das Verhältnis der Mönche untereinander und schreibt vor, wie das Kloster zu verwalten und die Novizen zu erziehen seien.

Dieses im Grunde genommen einfache Konzept, an seiner Basis bestehend aus dem Grundsatz von *ora, labora et studia* sowie der *stabilitas loci*, nach welcher der Mönch im Regelfall in dem Kloster bleibt, in dem er sein Ordensgelübde abgelegt hat, machte die Benediktiner zu jener Ordensgemeinschaft, die in ganz Europa mit der Besiedelung, der Mission, oft mit der Urbarmachung und regelmäßig mit dem Bildungsauftrag für das Entstehen und Blühen von Kultur und Agrikultur verantwortlich waren. In der Hochblüte gab es über 30.000 Klöster. Da im Mittelalter Priester und Mönche die einzigen waren, die lesen und schreiben konnten, entwickelte sich dementsprechend das Schulwesen wie von selbst. In der Folge blühten Buchkunst, Buchdruck, Natur- und Geisteswissenschaften. Einen hohen Stellenwert nahm neben den Handwerks- und Landwirtschaftsbetrieben die Pflege der Kirchenmusik ein.

Stets verbanden sich Landschaft und Kultur auf einzigartige Weise und spiegelten die ursprüngliche Absicht der Benediktinerklöster. Sie dokumentieren ein Wissen und ein Können, das geeignet ist, Jahrhunderte zu überdauern. Sie vermitteln außerdem eine Ahnung von Sinngebung und Harmonie aus dem Geist der

Pflege von Glauben und Kultur. Immer wieder gab es Versuche, diese Mauern einzureißen und zu zerstören, doch alle sind sie kläglich gescheitert, weil sie nicht anrennen konnten gegen das, was sich über derart große Zeiträume aus einer Idee heraus entwickelt hatte. Das ließ sich von keiner Macht bezwingen.

Immerhin gab es einmal eine Zeit, in der ich als junger Mensch teilhaben wollte an dieser höheren Bestimmung, in die ich mich eingliedern wollte zu Diensten an etwas, das nicht nur einen Wert hienieden, sondern ewige Gültigkeit zu haben schien. Doch dieser Gedanke ist spätestens im 20. Jahrhundert einem Niedergang ausgesetzt, der sich wie Faulfraß nicht nur in die Mauern der Klöster und ihrer Bibliotheken, Gärten und Werkstätten einnistete. Er erreichte auch die Herzen der Menschen. Wenn man so alt wird wie ich, erlebt man das besonders schmerzhaft. Mittlerweile habe ich so viel Zeit weglaufen sehen, so viele Tage, Monate und Jahre, dass ich mich in einem Labyrinth von Erinnerungen gefangen sehe, aus dem es kein Entrinnen gibt. Zugleich entfernen sich im Alter die Erinnerungen allmählich vom Leben und werden selbstständig.

Es gibt nichts, was nicht etwas zu erzählen hätte. Jede Geschichte hat eine Vorder- und eine Rückseite. Dies ist eine wahre Geschichte, aber wie jede wahre Geschichte enthält auch sie ein paar Lügen. Vorsätzliche und unbewusste. Die folgende Geschichte ereignete sich vor vielen Jahren wie von fremder Hand arrangiert. Mein Vater selig, ein gutmütiger Thulserner Huf- und Sensenschmied, wusste nicht so recht, was er von der Sache halten sollte und schwieg deshalb zu den Träumen meiner Mutter. Ihr inniger und bei jeder Gelegenheit wortreich vorgetragener Wunsch war es, mich frühzeitig vom Amboss wegzulocken und vor den Altar des Herrn zu stellen. Sie sah mich als geistlichen Würdenträger. Vom Abt aufwärts war ihr alles recht. In ihren Visionen setzte sie mich an die Festtafel von Bischöfen und Kardinälen, ließ mich in prunkvollen Gewändern unentwegt Hochämter zelebrieren oder in ihren kühnsten Visionen als Kardinalstaatssekretär im Vatikan die Fäden ziehen und ihr selbst einen Logenplatz in der Ewigkeit reservieren.

Deshalb schickte man mich früh auf eine Klosterschule und ich erwies mich als begabt. Der Plan schien aufzugehen, der mütterliche Wunsch Wirklichkeit zu werden. Obwohl mir klammheimlich das Weiß der Dominikaner bedeutend mehr zusagte, fiel die Wahl auf die in einen schwarzen Habit gekleideten Benediktiner, bestehend aus einer Tunika als Untergewand und dem Skapulier.

Die erste Station war Kloster Schäftlarn, als selbstständiges Benediktinerpriorat errichtet anno 1866 von König Ludwig I. von Bayern. Verbunden mit der Stiftung war der Bildungsauftrag, der zur Gründung einer Lateinschule für Knaben führte. Zur Abtei erhoben wurde das Kloster Schäftlarn anno 1910. Leider lag es fernab vom heimatlichen Thulsern, was dazu führte, dass ich bisweilen als Bettnässer auffällig wurde. Eiskalt war es im Schlafsaal, man bibberte unter kratzigen Decken der lateinischen Frühmesse entgegen. Nach einem Abstecher zu den Augustiner Chorherren in Kloster Neustift bei Brixen und dem Abitur folgten die Theologische Fakultät der Ludwig-Maximilians-Universität München und das Studium an der Päpstlichen Universität Gregoriana in Rom.

Wenn ich zurückblicke, sieht es im ersten Augenblick so aus, als hätte es gar nicht anders kommen können. Alles passt, scheinbar maßgeschneidert, zueinander. Ist es nicht sonderbar, wie normal es sich in der Rückschau anfühlt? Bei näherer Betrachtung erweist sich diese Allharmonie allerdings als große Illusion.

Ich war nie ein besonders mutiger Mensch. Das Wenige an Mut, das ich zusammenkratzen kann, benötige ich für das Altern. Das ist Mutprobe genug. Ein hohes Alter zu erreichen sei eine Gnade, höre ich gelegentlich, meist von jenen, die keine Ahnung haben von den Gebrechen und Plagen, die damit verbunden sind. *Vecchi peccati hanno ombre lunghe*, sagt ein italienisches Sprichwort: Alte Sünden haben lange Schatten.

Das weiß am besten derjenige, der sehr alt geworden ist. Heutzutage ist ein Hundertjähriger keine Seltenheit mehr. Ernährung und Wohlstand spielen ebenso eine Rolle wie Friedenszeiten und die Fortschritte der Medizin. Wie alt ich in Wirklichkeit bin, weiß ich manchmal selbst nicht mehr. Mein Gedächtnis funktioniert bisweilen fabelhaft, jedenfalls besser als meine Beine und meine Augen. Mitunter habe ich das Gefühl, ich verfüge über ein drittes Auge irgendwo in meinem Schädel, denn ich bin in der Lage, zahllose Erinnerungsfilme in mir abzurufen und auf meine innere Leinwand zu projizieren. Das kann, wie das Alter, eine Gnade sein, aber genauso gut ein Fluch. Vor allem nachts ist es nicht besonders angenehm, von gewissen Bildern geweckt zu werden, die ich dann stunden-, ja tagelang nicht mehr loswerde. Manchmal sind diese Bilder Schwarzweiß, manchmal in Farbe. Oft sind sie mit Geräuschen verbunden, gleichviel, ob es der silberhelle Klang beim Dengeln einer Sense aus der Kinderzeit ist oder das infernalische Getöse eines Bombenhagels. Beides habe ich erlebt. Am liebsten aber höre ich das Beschlagen von Pferden aus vergangenen Tagen herüberwehen.

Ich lebe allein und kann gottlob meinen Alltag noch ohne fremde Hilfe bewältigen. Lediglich einmal die Woche kommt eine Frau aus der Stadt zum Putzen. Ich nenne sie meine Zölibatesse. Sie verrichtet leichte Arbeit, denn viel Schmutz mache ich nicht. Auch die Wäsche erledige ich selbstständig. Ebenso koche ich. Naja, kochen kann man das eigentlich nicht nennen. Es ist mehr so ein Geprütschel an meiner zweiflammigen Kochplatte, und das Zubereiten kleiner Portionen bereitet mir wenig Freude, da ich es als eine Art lästige Pflicht erachte. Beim Wein, der mir ebenfalls geliefert wird, ist das schon anders. Ich hause in meiner Eremitage, nahezu gänzlich vom Efeu der Vergangenheit umwachsen, der jedes Jahr mehr von meiner Burg erobert, die, um die Wahrheit zu sagen, durch nichts als ihre prall gefüllten Bücherwände zusammengehalten wird.

Da sitze ich dann und mache den ganzen Tag zur blauen Stunde, bis der Augenblick naht, da der Raum in ein warmes Halbdunkel getaucht wird und nur eine Leselampe mit einem grünen Schirm auf einem schmalen Tischchen neben dem bequemen Lehnstuhl Licht spendet. Im Kamin glimmt niedrig ein stilles Feuer, dessen Widerschein den Rotwein im Glas blau tönt, und die Bücher, die Rücken an Rücken den Wänden trotzigen Halt geben, respektvoll Habacht stehen lässt. Das ist meine Armee, ständig in Bereitschaft, jederzeit fähig zum Einsatz. Die schweren, bodenlangen Vorhänge sind fast geschlossen und geben nur jenen schmalen Spalt frei für den unwiderlegbaren Beweis, dass es draußen in der Welt taghell ist. Der Lichtkreis drinnen ist gerade groß genug für das Seelenglück des in seine Lektüre vertieften Lehnstuhlbewohners, er gibt den Buchseiten Raum für die Erinnerungen, die daraus aufsteigen wie Weihrauch aus einer Opferschale. Sie verwandeln die längst chronifizierte Lesesucht in Reiseziele der Imagination, die nicht in den Atlanten stehen, sondern sich zwischen den Zeilen von Romanen verbergen, die sich wie Blüten entfalten, wie Masken auf fremde Gesichter legen und als die Schatten der vergehenden Zeit über die Orte der Erinnerung hinwegziehen.

Ich bin aber nicht aus der Welt gefallen, ab und zu gehe ich auch vor die Tür und werde hin und wieder sogar gegrüßt. Die meisten jungen Leute kennen mich nicht mehr, was ich ihnen nicht übelnehme. Ich fühle mich im Vorteil, denn ich weiß, wie es ist, jung zu sein, ahnungslos, unerfahren und grün wie Spinat, während sie keine Ahnung davon haben wie es ist, alt, sehr alt zu sein. In meinem Leben hat sich bestätigt, was ich erst dieser Tage irgendwo gelesen habe: „Wenn wir jung sind, erfinden wir verschiedene Zukünfte für uns selbst, wenn wir alt sind, erfinden wir verschiedene Vergangenheiten für andere." Darauf werde ich noch zu sprechen kommen.

Seit Wochen schon breitet sich eine seltsame Stimmung in mir aus, die nach und nach meinen ganzen Körper beherrscht und sich nachts in meine Träume schleicht. Ich weiß nicht, ob das ein Sich-Fügen in den Ablauf des Unveränderlichen bedeuten soll, oder ob mir daraus Möglichkeiten erwachsen, mich dagegen zu stemmen. Auf jeden Fall hat diese merkwürdige Verfassung etwas mit meiner Müdigkeit zu tun. Ob das am Älterwerden, oder ganz allgemein am Alter liegt? Mir kommt vor, als gleiche es einem Lächeln nicht aus Heiterkeit, sondern aus stiller Verzweiflung. Zugleich nötigt mir diese Stimmung eine seltsame Unterwerfung ab, ein Eingeständnis meiner Ohnmacht gegenüber dem Unabänderlichen, eine Haltung ohne Geltungsanspruch. Das Kleine ist mir darüber bedeutend geworden, das Große hat dagegen an Macht und Einfluss verloren. Ich glaube die Grenzen erkannt zu haben, die um meine geringe Existenz gezogen sind. Desillusionierung und Selbsterkenntnis ermöglichen es mir, Nachsicht mit der Situation zu haben.

Bei dem Dichter Robert Frost habe ich neulich gelesen: *Glück macht durch Höhe wett, was ihm an Länge fehlt.* Das erscheint mir als ein Privileg des Alters eine wohltuende Altmodischkeit zu ermöglichen, die sich nur einer leisten kann, der sich schon längst in den hinteren Rängen der Arena befindet. Dort sehe ich mich platziert, denn an den Rändern liegt die Kraft, nur von dort hat man einen guten Überblick. Wer mittendrin steht, ist meistens blind, weil er sich selbst für das Zentrum hält.

Das Leben geht zwar weiter, doch im Alter schaut man zurück. Man sitzt gewissermaßen gegen die Fahrtrichtung. Es bewegt sich zwar immer noch alles vorwärts, aber der Blick folgt nicht mehr. Er wendet sich ab und dagegen.

Die Zeit scheint mein einziger Besitz, und sie ist doch mein Feind, denn sie rinnt aus und demonstriert mir täglich auf hämische Weise, was ich alles nicht mehr kann. Der Aktivposten ist nämlich eine abgezählte Zeit, indes der größere Anteil aus Erinnerungen besteht, aus Gehabtem und Gelebtem, mithin Vergangenem. Dieser Posten ist für die Sinngebung zuständig, denn meinen Sinn beziehe ich aus meiner Vergangenheit, aus dem, was ich getan und unterlassen, geleistet, gelebt und verbraucht habe. Der junge Mensch hat Zeit *für* sich und *vor* sich, der Alte hat

Zeit *gegen* und *hinter* sich. Der Alte ist im Laufe der Jahre zum Zeitsammler geworden, er häuft sie an wie Krempel auf dem Dachboden. Vermutlich erlebt deshalb nur der Alte die Zeit als irreversibel. Die gemütlich anheimelnde Metapher vom „Herbst des Lebens" verfängt nicht, weil der kommende Winter so wenig gesichert ist wie der darauffolgende Frühling. Als Michel de Montaigne ein Zahn ausfiel, notierte er: *Allmählich komme ich mir abhanden.* Das sage ich mir jedes Mal laut vor, wenn ich in den Spiegel schaue. Die Spuren des Alterns sind unübersehbar, da helfen keine Anti-Aging-Salben, kein Botox und keine ästhetische Chirurgie. Das Ich ist nicht mehr mit sich identisch, der Alternde wird seiner überdrüssig, denn sein Körper entfernt sich allmählich von ihm und lebt ein Eigenleben, allem Narzissmus zum Trotz. Die einen beginnen, sich deshalb zu vernachlässigen, die anderen stemmen sich mit aller lächerlichen Gewalt dagegen, um am Ende doch zu verlieren.

Der junge Mensch beherrscht seinen Körper und führt ihn stolz vor, der Alte wird von seinem Körper beherrscht und verbirgt ihn lieber, als ihn herzuzeigen, denn er findet, *dass eine Zahnprothese tragisch ist wie Lear auf der Heide*, wie der Ketzer Jean Améry irgendwo sagt. Kopfschüttelnd stehen wir vor dem Spiegel und fragen uns: Sind das noch wir? Denn der

Alte wird sich allmählich fremd und versucht, daraus noch einmal so etwas wie Vertrautheit zu gewinnen. Aber er wird langsam hässlich. Es bleiben der Rückzug in Würde und die Allüren vom heiteren Greis.

AUFNAHME 2. TAG

Die Realität existiert von dem Moment an, in dem du in der Lage bist, sie zu dokumentieren. Aber die dokumentierte Realität ist nur die offizielle Version: geschrieben von Richtern, von Historikern und solchen, die sich mit wohlfeilen Beweisen zufrieden geben …

Fabrizio Gatti:
Der amerikanische Agent

Wenn ich zurückdenke und versuche zu überschauen, was mir im Leben widerfahren ist, dann komme ich zu dem Schluss, dass es ganz anders gelaufen ist, als ich es ursprünglich vorhatte. Viele Weichen sind umgestellt worden, während der Zug bereits unterwegs und nicht mehr aufzuhalten war. Als kleiner Junge wollte ich Lokomotivführer werden, wenig später dann schon lieber Stationsvorsteher mit roter Mütze und grünem Täfelchen mit der Aufschrift *Freie Fahrt*. Die Wunschwechsel wurden im Laufe der Kindheit und Jugend immer schneller. Vom Holzfäller in Kanada über den Archäologen bis zum Arzt war alles vertreten. Zunächst hat jedoch der Wunsch meiner Mutter meinen Weg bestimmt. Ich wurde Klosterschüler und bereitete mich auf das vor, was sie stets ein geistliches Amt nannte, wobei sie oft genug geistlich mit geistig gleichsetzte. Schon in jungen Jahren war ich so erfolgreich, dass mich ein Begabtenstipendium nach Rom führte, um an der *Pontificia Universitas Gregoriana* zu studieren. Ich betrachtete es als herausragendes Privileg, an der von Ignatius von Loyola gegründeten Hochschule Vorlesungen hören zu dürfen.

Als ich nach Rom kam, war die Universität kurz vorher auf die Piazza della Pilotta verlegt worden, zwischen der Piazza Venezia und der Fontana di Trevi, wo sie sich heute noch befindet. In dem Gebäude, das bis dahin das Collegio Romano beherbergte, wurde das Jesuitenkolleg eingerichtet. Ich habe dort eine wunderbare Zeit verbracht und war liebend gerne Student. Die jesuitisch geführte Universität ist heute meines Wissens in vier Institute und sechs Fakultäten sowie drei Ausbildungszentren unterteilt. Gelehrt werden Theologie, Kirchenrecht, Philosophie und Kirchengeschichte sowie Missions- und Sozialwissenschaft.

Als ich dort studierte, wurden alle Vorlesungen in lateinischer Sprache abgehalten. Seit den 70er-Jahren ist die Unterrichtssprache Italienisch, jedoch werden auch Lehrveranstaltungen auf Englisch, Deutsch, Französisch, Spanisch und Portugiesisch angeboten. Ich weiß noch, wie eingeschüchtert ich war, als ich die lange Liste berühmter Studierender und Gelehrter las, die an diesem Ort gewirkt haben.

Als junger Theologe und angehender Mönch wurde ich im Sommer 1943 an die Abtei Montecassino, das erste Haus des Benediktinerordens, circa 130 Kilometer südöstlich von Rom beordert, um dort dem Bibliothekar zur Hand zu gehen und meine Studien in Kirchengeschichte voranzutreiben. Der Tag, an dem ich das Kloster betrat, veränderte mein Leben. Ich hörte auf, Geschichte zu studieren. Stattdessen wurde ich ein Teil von ihr. Es war Krieg, und die Zeiten waren alles andere als romantisch. Die Abtei glich einem militärisch herausragenden Punkt auf der Landkarte, aber sie hatte nichts Militärisches an sich. Kein Soldat bewegte sich in ihr.

Pioniere der deutschen 10. Armee hatten seit Herbst 1943 mit Unterstützung tausender italienischer Zivilisten an der engsten Stelle des italienischen Stiefels zwischen Neapel und Rom eine rund 150 Kilometer lange Stellung errichtet, die sogenannte Gustav-Linie. Das Gelände bot dafür die besten Voraussetzungen: Zur Adria hin gab es mit gut 20 Kilometern nur ein schmales flaches Küstenland um die Orte Chieti und Pescara, das zudem durch den völlig unpassierbaren Hochgebirgszug des Apennins von Rom abgeschlossen war. Von hier aus konnte man aufgrund der damaligen Geländebeweglichkeit der Verbände nur schwer in die italienische Hauptstadt gelangen. Die Küste hin zum Tyrrhenischen Meer war zu steil für eine durchgehende Straße. Selbst die antike Via Appia, längst zur Staatsstraße ausgebaut, führte an den Küstenorten Vendicia und Formia auf einem äußerst schmalen Stück Küstenland entlang. Nördlich schlossen sich die Aurunker Berge an, ein Kalksteinmassiv mit bis zu 1533 Meter Höhe, dann folgte das Tal des Flusses

Liri, und an dessen Nordseite erhob sich schon der Apennin. Um einem von Süden her angreifenden Heer den Weg nach Rom zu versperren, mussten lediglich das kaum 500 Meter breite Flachland des Ortes Formia sowie das acht Kilometer breite Lirital zwischen San Giorgio a Liri und Cassino gesperrt werden. Aus Sicht der Pioniere ideale Bedingungen. Vor dem Sperrgürtel der Gustav-Linie hatte die 10. Armee eine „tote Zone“ geschaffen: Alle Brücken und Straßen waren gesprengt. An taktisch wichtigen Punkten standen Panzerabwehrkanonen. Minenfelder und MG-Stellungen waren weitere Hindernisse. Wie eine Krone obenauf saß das Kloster Montecassino. Die Alliierten wollten ab Januar 1944 die Gustav-Linie frontal attackieren. Eine Woche später sollten eine britische und eine amerikanische Division bei Anzio, etwa 50 Kilometer südlich von Rom, im Rücken der Gustav-Linie an Land gehen. Die Schlacht um Montecassino begann im Januar 1944. Die Gustav-Linie hielt mehr als vier Monate den Angriffen der zahlenmäßig und materiell drückend überlegenen Alliierten stand. Weil das Landemanöver von Anzio beinahe scheiterte, dauerte es noch Monate, bis Briten, Amerikaner, Polen und andere alliierte Einheiten Rom erreichten.

Ich war Zeuge dieses Geschehens, und genau um diese Zeit ereignete sich etwas, das mein weiteres Leben bestimmen sollte. Den Tageslauf und alles andere hatte immer die Ordensregel festgelegt, bis eines Tages das streng reglementierte klösterliche Leben durcheinandergeriet. Ich erinnere mich deshalb besonders gut, weil mit diesem Durcheinander für mich eine neue Ordnung entstand, die sich freilich erst nach und nach in meinem Inneren herausbildete, ehe sie sich als Struktur meines Lebens erwies.

Meine Geschichte, die nur eine kleine Episode in meinem langen Leben darstellt, spielt in der Zeit zwischen Herbst 1943 und Mitte Februar 1944. Ich spreche von einem Ereignis, das die einen für den größten Kunstraub aller Zeiten, die anderen für die größte Kunstrettungsaktion aller Zeiten halten.

Wer ist im Recht? Oder irren sich beide? Es ist eine Frage des Standpunktes, denn es haben immer die Sieger das Sagen, gleichviel, ob es sich um Kriege handelt oder um andere Wettkämpfe. Recht wird von jeher immer zuerst von ihnen gesprochen. Ob es dann auch wirklich Recht ist, steht auf einem anderen Blatt. Die Frage, wem Kunst gehört, hat bekanntlich nicht nur eine juristische, sondern auch eine philosophische und ethische Komponente. Gehört Kunst nur einem, der sie sich leisten kann und sie rechtens erworben hat, oder gehört sie der Allgemeinheit? Kann man einen Kunstraub dadurch legitimieren, indem man behauptet, dass man dadurch Kunst geschützt hat? Wovor? Was ist höherwertig: Das Prestige des Kunstsammlers oder die durch Kunst geprägte Identität eines Landes?

Jene Juristen, die sich intensiv mit dem Schicksal und Verbleib von Kunstwerken während und nach dem Zweiten Weltkrieg beschäftigt haben, stimmen wenigstens darin überein, dass sich die Einstellung der Sieger zur Kultur der Besiegten in den vergangenen 2000 Jahren gewandelt hat. Noch in der Antike war es selbstverständlich, Kunstgegenstände des besiegten Volkes in die Kriegsbeute aufzunehmen und sie nach Hause zu bringen, um sie als Trophäen auszustellen. Schließlich demonstrierte man damit, den Feind nicht nur militärisch besiegt zu haben, sondern man konnte ihn durch die Wegnahme seiner kultischen und künstlerischen Schätze zusätzlich demütigen. In unseren Tagen strengt man sich vermehrt an, solche „Beutekunst" dem rechtmäßigen Besitzer zurückzugeben. Aber wem gehört Kunst? Dem Künstler? Dem Auftraggeber oder Mäzen? Dem Käufer? Dem Sammler? Dem Liebhaber, der sie zu schätzen weiß? Der ganzen Nation? Diese Frage beinhaltet viele Fragestellungen und ist nicht so einfach zu beantworten.

Um konkret zu werden: Wem gehören die Kunstwerke aus dem Kloster Montecassino?

Die Rettung des Archives und der Klosterschätze im Herbst 1943 durch deutsche Soldaten ist eine historische Tatsache. Während die alliierte Propaganda und jüngere Historiker von Plünderung und Kunstraub sprachen, konnten die evakuierten Güter unbeschadet dem Vatikan übergeben werden. Der deutsche Botschafter in Rom, Dr. Rudolf Rahn, hatte sich eigens die Zustimmung Hitlers dafür geholt.

Am 8. Dezember traf die Wagenkolonne mit dem kompletten, im Materiallager der „Panzerdivision Hermann Göring“ in Spoleto zwischengelagerten Nationalarchiv beladen in Rom ein, wie bezeugt wurde.

Ich weiß, dass es namhafte und universitär bestallte Historiker gibt, die davon ausgehen, die Aktion in Montecassino sei von vorneherein ein übler Coup der Wehrmacht gewesen mit dem alleinigen Zweck und Ziel, Hitlers und Görings Kunstsammlungen mit Werken von unschätzbarem Wert zu bereichern. Als Augenzeuge sind für mich viele dieser Herren Stubengelehrte. Sie sortieren Orden in Militärmuseen, stellen im Sandkasten alte Schlachten nach und entscheiden dann von ihrem bequemen Lehrschemelchen aus, wie Geschichte verlief und wie sie zu deuten ist. Neu ist das nicht. Historiker und insbesondere Hofberichterstatter sind zu allen Epochen so verfahren. Wer aber als Geschichtswissenschaftler glaubt, im Besitz der Wahrheit zu sein, der hat schon gelogen. Das sage ich nicht nur als Theologe, sondern auch aus dem Wissen, dass auf das Gedächtnis kein Verlass ist. Das ist eine nicht ganz unbedenkliche Art zu argumentieren in einer Zeit, in der Wissenschaft nicht mehr ausschließlich im Hörsaal betrieben und Recht nicht mehr im Gerichtssaal gesprochen wird, sondern oft genug in den Redaktionen auflagenstarker Medien.

Was hätte ich, der bis dahin vereinbarungsgemäß still zuhörende Journalist, angesichts solcher Invektiven anderes tun können als mein Aufnahmegerät abzuschalten und auf den nächsten Tag zu hoffen?

Der Monolog von Pater Remo war an einem emotional bedenklichen Punkt angekommen, und als gewissenhafter Reporter versuchte ich behutsam, meine Einwände gegenüber dieser Polemik zu formulieren, doch ich erntete den zornigen Blick des alten Mannes, der mich das Fürchten lehrte.

Schon bellte mich der Mönch wie einen kleinen Messdiener an: Wenn ich es wagen sollte, ihn noch einmal zu unterbrechen, könne ich auf der Stelle meine Siebensachen zusammenpacken und mich schleichen. Ich hätte wohl unsere ausdrückliche Vereinbarung vergessen, dass er keine Einwände, keine dummen Bemerkungen oder Zwischenfragen dulde.

Worum gehe es hier überhaupt?

Um die Ansichten eines mittelmäßigen Journalisten oder um den Bericht eines Augenzeugen? Wozu habe er sich denn all die Mühen gemacht, sich vorbereitet, seine Unterlagen zusammengesucht, um möglichst genau zu sein, wenn ihn dann so ein junger Zeitungsschreiber bemeistern wolle? In seinem Alter habe er es nicht mehr nötig, belehrt zu werden, noch dazu von einem, der nicht einmal das Latinum, geschweige denn das Graecum habe.

Ich entschloss mich nachzugeben, zu schweigen und ihn reden zu lassen: einerseits aus Neugierde, andererseits aus der Gewissheit, er würde sich am Ende irgendwann einmal selbst erschöpfen.

Wir mussten eine Pause einlegen, bis sich Pater Remo wieder beruhigt hatte. Er zitterte einen Schluck Wein in seinen Mund, atmete tief, schnaubte und dampfte noch ein wenig wie eine zum Stillstand gekommene Lokomotive, ehe er seine Suada mit erstaunlich weicher Stimme fortsetzte:

Sämtliche Beteiligte an dieser Aktion, von der ich berichten werde, sind historische Figuren. Ich darf mich in aller Bescheidenheit zu ihnen zählen. Eine Zeugenaussage des US-Colonels Henry C. Newton bestätigt, dass nicht deutsche, sondern alliierte Soldaten, darunter auch Offiziere, die im Kloster ein geheimes Versteck mit sakralen Gegenständen entdeckt hatten, zu Plünderungen geschritten sind. Sie schlugen den Marmorstatuen kurzerhand die Köpfe ab, um diese als Souvenir mit nach Hause zu nehmen. Vermutlich zieren sie irgendeinen Swimmingpool in Texas oder Idaho. Besonders Neuseeländer hätten sich dabei hervorgetan, die mit Pickeln und Sägen angerückt waren, um das Chorgestühl zu zerstören. Auch der Sekretär des Abtes von Montecassino, Eugenio de Palma, schildert detailliert die von den Alliierten begangenen Diebstähle. Man kann es nachlesen. Bemerkenswert ist in diesem Zusammenhang auch, was selbst Pietro Badoglio, Marschall von Italien und nach Mussolinis Sturz erster Ministerpräsident, in seinen Erinnerungen über die Zerstörung von Kulturgütern Italiens durch Alliierte schreibt. Ich habe es mir aus seinen Erinnerungen eigens herausgesucht.

Pater Remo fischte den braunstichig gewordenen, in gelben Pappkarton gebundenen Band aus einem stattlichen Bücherstapel neben seinem Lesestuhl, schlug die mit einem Zettel eingemerkte Seite auf und las vor: „Ungeachtet der Anweisungen der alliierten Oberkommandos wurden durch die alliierten Truppen häufig nicht wiedergutzumachende Schäden an Palästen und an Denkmälern von hohem künstlerischen Wert sowie darin enthaltenen wertvollen Dingen verursacht: so bei den königlichen Palästen von Neapel und von Caserta, der Akademie der Schönen Künste von Neapel, um nur die hervorstechendsten Fälle zu erwähnen. Die Regierung versuchte den Schäden abzuhelfen und schlug die Schaffung eines italienisch-alliierten Ausschusses vor, um solche Zwischenfälle zu verhindern. Aber der Vorschlag wurde nicht in Erwägung gezogen."

Seither ist viel Zeit vergangen, und die Historiker können sich immer noch nicht einigen. Da ich sehr alt geworden bin, spielt mir die Erinnerung bisweilen den einen oder anderen Streich. Ich will es einmal so sagen: Die historischen Geschehnisse und deren Quellen sind der Steinbruch, aus dessen Beständen mein Gedächtnis die Geschichte zusammenzimmert, die ich hier erzähle. Das Erzählen einer Geschichte versteht mein elastisches Gedächtnis als eine Möglichkeitsform der historischen Wirklichkeit. Die englische Sprache kennt den feinen Unterschied zwischen Story und History. So gesehen ist jede Erinnerung nichts anderes als eine Interpretation des Geschehenen. Mit anderen Worten:

Es war möglicherweise nicht so, wie ich es hier erzähle, aber es könnte durchaus so gewesen sein.

In jenen ereignisreichen Tagen des Jahres 1943 schloss ich Freundschaft mit einem Mann, der wie die meisten Freunde in meinem Leben ein gutes Stück älter war als ich. Seltsam, dass ich mich immer zu Älteren hingezogen fühlte und nur selten etwas mit Gleichaltrigen oder gar Jüngeren anfangen konnte. Was zog mich dabei an? War es die Erfahrung? Oder dass sie mehr erlebt hatten als ich, der ich bis dato die meiste Zeit meines Lebens über Bücher gebeugt zugebracht hatte? Der Mann hieß Becker, Dr. Maximilian Becker, und war Stabsarzt: gutaussehend, schlank, hochgewachsen, volles dunkles Haar, feingliedrige Hände, Lachfalten um die Augen und mit sympathisch festem Händedruck. Für ihn stand als Arzt nicht die kriegerische Heldentat im Mittelpunkt, sondern die Versorgung der Opfer. Er dachte weniger soldatisch als vielmehr ärztlich. Vielleicht war er auch deshalb nur im Rang eines Stabsarztes.

Viele Jahre später, lange nach dem Krieg, als sich schon niemand mehr an ihn erinnern wollte, sind seine privaten Aufzeichnungen über viele Umwege, die hier nichts zur Sache tun, an meine Adresse gelangt. Heute machen sie es mir leicht, mich an Einzelheiten zu erinnern, denn ich muss nur nachschauen, was mein Freund damals aufgeschrieben hat. Er war wie ich ein Büchernarr, und damit beginnen auch seine Notizen, aus denen ich vorlese.

Pater Remo griff zu seinen Papieren, blätterte kurz, fand rasch, was er suchte, und rückte seine Brille zurecht:

„Egal auf welcher Seite wir kämpften: Wir waren alle kriegsmüde und deshalb dankbar für jede Gelegenheit, die nichts mit dem Krieg zu tun hatte. Vor wenigen Wochen hatte ich noch die einmalige Chance gehabt, in Pompeji meinen Block hervorzuholen und einige hingeworfene Skizzen der Ausgrabungen anzufertigen. Schließlich hatte ich auch Kunstgeschichte und Archäologie studiert. Als ich aber dann zum ersten Mal in weiter Ferne das Kloster Montecassino sah, musste ich sogleich an jene Festung Bastiani denken, in die der junge Leutnant Giovanni Drogo in Dino Buzzatis Roman *Il deserto dei Tartari* einrücken soll und die ihn sein Lebtag auf geheimnisvolle Weise an sich binden wird. Ich konnte damals nicht ahnen, dass es mir mit Montecassino ähnlich ergehen würde, und erinnerte mich, was ich erst kürzlich gelesen hatte:

‚Anfangs versuchte Drogo noch, sich die Festung Bastiani vorzustellen, doch es wollte ihm zuerst nicht gelingen, sich ein Bild von ihr zu machen. Er wusste weder genau, wo sie lag, noch wie weit der Weg dorthin war. Keiner, den er befragt hatte, war selbst schon einmal dort gewesen. Bisweilen stellte er sich ein Bollwerk mit schwindelerregenden Mauern vor, dann wieder wie eine riesige, uneinnehmbare militärische Anlage, die sich schwarz gegen den Abendhimmel abhob. Sie schien ihm uralt und auf seltsame Art geheimnisvoll, eine zauberische Erscheinung auf einer kahlen Anhöhe: unzugänglich, uneinnehmbar und weltabgeschieden.'

Das Buch, das am Vortag von Mussolinis Kriegserklärung im Juni 1940 in Mailand erschienen war, faszinierte mich später derart, dass ich nicht mehr von ihm lassen konnte und es ständig in meinem Brotbeutel bei mir führte, wohin ich auch ging. Sein Verfasser war gerade einmal vier Jahre älter als ich, wir gehörten beide einer Generation an, die von nichts anderem geprägt schien als vom Krieg."

Als ich im Tagebuch meines Freundes las, fiel mir schlagartig auf, wie sich militärisches und klösterliches Leben glichen. Das begann bei den Regularien, dem Verständnis von Disziplin und Gehorsam, und es endete bei jener höheren Ordnung, der das Dienen, der Kampf und der Opfer-Tod unterworfen waren.

Bildeten die Mönche nicht eine Armee Gottes? Es konnte kein Zufall sein, dass die Klöster von Anfang an auch Verteidigungs- und Versorgungsaufgaben hatten und deshalb wehrhaft gebaut waren, ehe sie zu Festungen wurden.

Pater Remo entließ mich an diesem Tag augenzwinkernd mit einem Zitat von Ernst Jünger: „Im Grunde kommt nichts leichter zusammen als ein alter Priester und ein alter Soldat. Der eine hat sich für das Vaterland oben, der andere für das unten geopfert; kein weiterer Unterschied."

AUFNAHME 3. TAG

Erinnerung an Vergangenes ist nicht unbedingt Erinnerung an wirklich Geschehenes.

Marcel Proust:
Auf der Suche nach der verlorenen Zeit

Pater Remo schien anderentags frisch und ausgeschlafen, als er fragte: Soll ich mit der Tür ins Haus fallen und meine Geschichte mit 20.000 deutschen und 55.000 alliierten Gefallenen nach einer sich über vier Monate hinziehenden Schlacht um diesen Berg und sein Kloster beginnen?

Jede Geschichte ist eine Frage des Standpunktes, von dem aus sie erzählt wird. Ein anderer als ich könnte eine ganz andere Version der Geschehnisse erzählen. Womöglich ranken sich deshalb zahlreiche Legenden um Montecassino.

Unbestritten ist: Vom 17. Januar 1944 bis zum 18. Mai 1944 kämpften dort über 100.000 Soldaten aus den Vereinigten Staaten, England, Frankreich, Polen, Indien, Neuseeland, Algerien und Marokko gegen 80.000 deutsche Soldaten um die Stadt Cassino und das Kloster Montecassino. Sogar ein Bataillon Maori-Soldaten und Gurkhas aus Nepal waren dabei, ebenso ein Bataillon, das aus Japanern bestand, die, auf Hawaii lebend, amerikanische Staatsbürger geworden waren. Um das zu beweisen, kämpften sie besonders fanatisch. Es war eine der längsten und verlustreichsten Schlachten des Zweiten Weltkrieges.

Kennt man heute noch die Geschichte von den drei Raben, die der Legende zufolge dem Einsiedler Benedetto und seinen wenigen Getreuen anno 529 vorangeflogen sein sollen auf dem 80 Kilometer langen Weg von Subiaco nach Monte Cassino? Angeblich war der Rabe Nico, der unter den Mönchen lebte, ehe das Kloster bombardiert wurde, ein unmittelbarer Nachkomme. In einem gewissen Sinne sehe ich mich in seiner Tradition.

Der junge Benedetto war der Sohn eines begüterten Landbesitzers aus Norcia bei Spoleto in der Provinz Perugia, und er hatte eine Zwillingsschwester namens Scholastika. Nach dem Besuch der Schule in seiner Heimat hatten die Eltern ihren Sohn zum Studium nach Rom geschickt, aber dort fand er sich inmitten des lockeren Lebens nicht zurecht, weswegen er die Stadt verließ, in die Berge ging und sich asketisch lebenden Einsiedlern anschloss, ehe er sich für drei Jahre in eine Höhle bei Subiaco zurückzog. Man zwang ihn dann, ins Kloster Vicovaro zu ziehen, doch dort überwarf er sich mit den Mönchen ob seiner reformerischen Pläne und Ideen zu einer Umstrukturierung. Sie sollen sogar versucht haben, ihn zu vergiften. Benedetto aber habe seiner Gewohnheit folgend über dem Wein zuerst ein Kreuzzeichen geschlagen, woraufhin der Becher zerbrochen und eine Giftschlange aus ihm hervorgezüngelt sei.

Benedetto zog sich daraufhin wieder ins Tal von Subiaco zurück. Auf den Steinen einer Villa Kaiser Neros gründete er das Kloster San Clemente sowie zwölf weitere kleine Klöster nach seinen ureigenen Vorstellungen. Damit wiederum zog er sich den Zorn des Bischofs von Tivoli zu, der den eifersüchtigen Priester Florentinus beauftragte, diesen Unruhestifter mit einem vergifteten Stück Brot aus dem Weg zu räumen. Aber in dem Augenblick, in dem Benedetto danach greifen wollte, kam ein Rabe angeflogen und schnappte ihm den Bissen weg, weswegen Benedikt bis heute immer wieder in Begleitung eines Raben dargestellt wird.

Kaum auf dem Gipfel des Berges Montecassino angelangt, zerstörte Benedetto ein uraltes Heiligtum, wo nach dem Brauch der heidnischen Vorfahren der Gott Apollo verehrt wurde. Benedetto und die Seinen holzten die heidnischen Haine ab und errichteten ein Oratorium zu Ehren des Heiligen Martin und an der Stelle des Apolloaltares ein Oratorium zu Ehren des Heiligen Johannes. Heute gilt Montecassino als das Mutterkloster der Benediktiner.

Von Anfang an war das Kloster mit dem Gedanken seiner Zerstörung verbunden, und es sollte gemäß einer Prophezeiung Benedettos im Laufe der Geschichte noch mehrfach zerstört werden: Im Jahr 577 durch die

Langobarden, 883 durch die Sarazenen, nach seiner Hochblüte im 11. Jahrhundert im Jahr 1349 durch ein Erdbeben und zuletzt durch einen barbarischen, auch militärisch sinnlosen Befehl des neuseeländischen Generals Bernard Freyberg am 15. Februar 1944, durch den das Kloster mit Ausnahme der Krypta binnen drei Stunden mit über 500 Tonnen Spreng- und Brandbomben in Schutt und Asche gelegt wurde. Die alliierte Luftwaffe hatte ganze Arbeit geleistet. Von den etwa 800 Menschen im Kloster, in der Mehrzahl Mönche und schutzsuchende Flüchtlinge, starben mehr als die Hälfte, aber kein Mitglied des Konvents. Freyberg wurde in Anerkennung seiner Verdienste nach dem Krieg zum Generalgouverneur von Neuseeland ernannt. Er soll in seiner Jugend ein guter Schwimmer, sonst aber keine besondere Leuchte gewesen sein.

Bis zu diesem Zeitpunkt war die Benediktinerabtei für deutsche Soldaten militärische Sperrzone. Erst danach besetzten die Deutschen die Ruinen und leisteten den anstürmenden Alliierten vergeblichen Widerstand. Der amerikanische Präsident Roosevelt hat also schlicht gelogen mit seiner Behauptung, die Abtei sei eine gewaltige und bis unter die Decke mit Waffen und Mannschaften bestückte Festung gewesen.

Überhaupt muss gesagt werden, dass die deutsche Führung gegenüber der italienischen Kultur grundsätzlich überwiegend positiv eingestellt war. Nach der Bildung einer deutschen Militärverwaltung in Italien hatte Dr. Bernhard von Tieschowitz vom Oberkommando des Heeres den Befehl erhalten, eigens eine Kunstschutzorganisation in Italien einzurichten. Diese reichte vom Schutz historisch wertvoller Gebäude, der Registrierung und Sicherung wertvoller Sammlungen und Archive bis zur Evakuierung an sichere Orte auf italienischem Boden. Oft wurden dazu, trotz der angespannten Lage, in erheblichem Umfang militärische Ressourcen eingesetzt. An die zwanzig Soldaten verloren bei den nicht selten riskanten Einsätzen ihr Leben. Die Kunstschutzorganisation wurde von Historikern immer wieder kritisch unter die Lupe genommen. Heute sind nicht wenige der Ansicht, es habe sich um eine Räuberbande gehandelt.

Glaubt man Frido von Senger und Etterlin, unter dessen Kommando die Cassino-Schlachten standen, so hatte die Bombardierung den entgegengesetzten Erfolg dessen, was beabsichtigt war. General Mark Clark, der verantwortliche Oberbefehlshaber auf der Gegenseite, bekannte, dass die Bombardierung der Abtei nicht nur ein unnötiger psychologischer Fehler auf propagandistischem Gebiet war, sondern ein taktischer militärischer Fehler erster Ordnung. Er nannte sie eine „Tragödie der Vergeudung“, die nichts erreicht und keinem geholfen habe.

Kein Deutscher in Uniform war jemals zuvor ins Kloster gekommen. Drei Ausnahmen gibt es: General von Senger hat auf der Rückkehr von einem Frontbesuch am Weihnachtstag an der Messe in der Krypta der Abtei teilgenommen. Noch wichtiger aber sind mein Freund Becker und ein Oberstleutnant aus Wien, dessen Name für alle Zeiten in den Geschichtsbüchern unauslöschlich mit der Bergung der Kunstschätze aus dem Kloster Montecassino verbunden ist.

Im Herbst 1943, noch während der Abwehrkämpfe am Volturno, erhielt mein Freund Becker in seiner Eigenschaft als Stabsarzt den Befehl, in einem Seitenflügel des Franziskanerklosters San Antonio bei Teano einen Truppenverbandsplatz einzurichten. Die Gemeinde liegt etwa 30 Kilometer nordwestlich von Caserta. Becker inspizierte die Räumlichkeiten und überprüfte sie auf ihre Tauglichkeit für den beabsichtigten Zweck. Dabei wurde er tatkräftig nicht nur von mir, sondern auch von einem weiteren Kleriker und Gast des Klosters unterstützt. Gemeinsam waren wir der Auffassung, dass die große Anzahl von Kisten, die wir auf diversen Fluren vorfanden und die, wie man uns versicherte, ausgelagerte Bestände der Nationalbibliothek von Neapel enthielten, im Angesicht der ständig näherrückenden Front in erheblicher Gefahr schwebten. Dies galt umso mehr, als die Stadt bereits Bekanntschaft mit alliierten Bomben gemacht hatte, die den Dom, die Bischofsresidenz sowie das Priesterseminar beschädigt und Opfer unter der Zivilbevölkerung gefordert hatten.

Dr. Becker kam mit dem Prior rasch überein, die Kisten an einen sicheren Platz auszulagern. Als studierter Kunsthistoriker wusste er, welche Werte hier gerettet werden mussten. Nachdem er die Zustimmung seines Abteilungskommandeurs eingeholt und sich der Unterstützung des Quartiermeisters der Division versichert hatte, wurden die in Kisten verpackten Bücher und Gegenstände nach Spoleto gebracht. Wenige Tage darauf musste die Stadt Teano auf Befehl deutscher Militärbehörden geräumt werden, über tausend Flüchtlinge suchten und fanden Schutz im Kloster. Das kurze Zeit später einsetzende Artilleriefeuer zog besonders jene Gebäude in Mitleidenschaft, in denen noch wenige Tage zuvor die wertvollen Bestände aus der Nationalbibliothek untergebracht gewesen waren.

Die Mönche von San Antonio zeigten sich über diese Rettungsaktion überaus dankbar, und ich musste gemeinsam mit Stabsarzt Becker mit einer gewissen

Selbstzufriedenheit gestehen, dass dies eine der wenigen der Mühe werten Aktionen war, die ich in drei schweren Kriegsjahren zustande gebracht hatte. Prior und Mönche begegneten dem Arzt mit freundschaftlicher Zuneigung. So erfuhr er von ihnen und mir, dass noch weitere Kunstwerke und dergleichen im Kloster Montecassino untergebracht waren, die sich nun gleichfalls in größter Gefahr befanden. Daraufhin reifte in ihm der Entschluss zur Evakuierung und zur Durchführung einer zweiten Bergungsaktion in Kloster Montecassino, die jedoch erheblich aufwendiger und schwieriger zu bewerkstelligen sein würde, zumal es nach einem Befehl des später wegen Kriegsverbrechen an der Zivilbevölkerung zum Tode verurteilten, schließlich aber zu lebenslanger Haft begnadigten Generalfeldmarschalls Kesselring streng verboten war, dass deutsche Soldaten das Kloster betraten.

Zwar genoss Becker die vorbehaltlose Unterstützung der Franziskaner von Teano, doch ich wusste auch aus zahlreichen Gesprächen von der großen Sorge der Italiener um die Sicherheit der Kunstschätze, insbesondere von Pompeji und Montecassino. Da Becker Erfahrungen als Archäologe hatte, konnte er sich lebhaft vorstellen, wie den Italienern ums Herz war. Jeder Kunsthistoriker weiß, welche Schätze gerade die alten Klöster bargen und welche kostbaren

Zeugnisse der abendländischen Kulturgeschichte nicht zerstört werden durften.

Becker fuhr, wie er mir erzählte, zum Stabsquartier und trug seine Absicht sowie seinen Plan für die notwendigen Maßnahmen zur Evakuierung des Klosterschatzes vor. Ein Major im Generalstab hatte zwar ganz allgemein und grundsätzlich Verständnis für die Sache, lehnte es aber entschieden ab, dafür Fahrzeuge, Benzin und Mannschaften zur Verfügung zu stellen. Becker wollte jedoch noch nicht aufgeben, sondern wandte sich an einen ihm persönlich bekannten Chef einer Panzereinheit, von dem er wusste, dass er über genügend italienische Lkws verfügte. Er erhielt überdies den Rat, sich an einen gewissen Oberstleutnant Ricardi zu wenden, einen ehemaligen Berliner Polizisten und jetzigen Leiter der Nachschubabteilung, der durchaus bereit war, ihm nach eingeholter Zustimmung des zuständigen Kommandeurs der Sturmgeschützabteilung Personal und Fahrzeuge zur Verfügung zu stellen. Mein Freund musste nur noch eine Vertretung für seine medizinischen Verpflichtungen finden, was ihm ebenfalls im Handumdrehen gelang. Außerdem erhielt er umgehend den für die Aktion notwendigen Urlaub.

Ich weiß es noch wie heute, wie ich Dr. Becker am 14. Oktober 1943 in Begleitung zweier Franziskanermönche auf dem Weg hinauf in die Abtei begleitete.

Wir waren geradezu fiebrig vor Zuversicht über das Gelingen unseres Planes der bevorstehenden Bergung der Kunstgegenstände.

Zu seiner großen Überraschung erfuhr der Stabsarzt an der Klosterpforte, es sei kurz vorher ein höherer Offizier eingetroffen, der ebenfalls um eine Audienz beim Abt nachgesehen habe und soeben im Gespräch mit ihm sei. Er müsse sich gedulden. Lange dauerte es nicht, und es kam zu einer ersten Begegnung mit einem Oberstleutnant namens Julius Schlegel, der sich als Kommandeur der Instandsetzungsabteilung der Panzerdivision Hermann Göring vorstellte und somit Herr über die Lkws war und über alles, was fuhr. Er ging schon auf die Fünfzig zu, hatte bereits im Ersten Weltkrieg gedient und war verwundet und ausgezeichnet worden. Mit strengem Gesichtsausdruck und in zackigem Ton betonte er, im Auftrag seines Vorgesetzten zu handeln und den Abt darauf hingewiesen zu haben, das Kloster zu räumen. Sofern er nicht gewillt sei, Bibliothek und Archiv herauszugeben, müsse man es eben ohne seine Einwilligung mitnehmen.

Becker war mehr als überrascht, denn derselbe Vorgesetzte, Oberstleutnant Ricardi, hatte doch ihn beauftragt, den Kontakt mit dem Abt in Sachen Kunstevakuierung zu suchen. Seltsam war überdies, dass ihn der Oberstleutnant der Instandsetzungsabteilung ziemlich barsch aufforderte, das Gespräch mit dem Abt zu unterlassen, denn die Angelegenheit sei mittlerweile beschlossene Sache. Becker bestand jedoch allein schon aus Gründen der Höflichkeit darauf, dieses Gespräch zu führen. Er verwies erneut auf den Auftrag Ricardis, es stehe außerdem bereits ein Mönch, damit meinte er mich, zur Verfügung, ihn zum Abt zu bringen. Hatte Ricardi versucht, den Stabsarzt gegen den Oberstleutnant auszuspielen? Es gibt solche manipulativen Charaktere. Im Privatleben macht man am besten einen Bogen um sie, wenn sie aber Vorgesetzte sind, wird die Sache kompliziert.

Merkwürdigerweise erwähnte der Oberstleutnant in seinem späteren Bericht nicht, dass beide Offiziere unabhängig voneinander und nahezu gleichzeitig am selben Tag um eine Audienz beim Abt des Klosters nachgesucht hatten. Beiden sollte ich als Deutscher als eine Art Verbindungsmann zur Verfügung stehen.

Erneut kramte Pater Remo in seinen Unterlagen, aus denen er schließlich einige Blätter herauszog, um sie vorzulesen. Es seien seine Abschriften aus Beckers Notizbuch, die er eigens feinsäuberlich per Hand nach Art mittelalterlicher Mönche angefertigt habe:

„Kaum stand ich dem fast 80-jährigen und deshalb umso würdiger wirkenden Erzabt Diamare gegenüber, als dieser mich fragte, ob auch ich den Befehl zur Räumung des Klosters überbringe. Ich verneinte entschieden, denn ich kannte keinen Befehl, mir war es, im Gegensatz zu Schlegel, nicht um die Räumung des Klosters zu tun, sondern um die Bergung seiner Kunstschätze. Ich versicherte, nicht wie Schlegel auf einen Befehl, sondern aus freien Stücken gekommen zu sein, weil ich mir größte Sorgen um das Archiv und die Kunstwerke mache und allein deshalb eine Auslagerung vorschlage, wie ich sie bereits bei Beständen der Nationalbibliothek von Neapel unten im Tal bei den Franziskanern in Kloster Teano vorgenommen hatte. Der Abt lehnte jedoch entschieden ab. Sein Misstrauen gegenüber deutschen Offizieren konnte ich durchaus nachempfinden. Seinen Worten zufolge stand er dem Kloster seit über 30 Jahren als Abt vor und bleibe wie ein Kapitän auf seinem Schiff. Er war unter mehrfachem und wortreichem Verweis auf die lange Geschichte der Abtei keinerlei Argumentation zugänglich. Außerdem befürchtete er nicht grundlos, die Kunstschätze könnten unter dem Vorwand der Rettung letztlich nach Deutschland gebracht werden. Auch die Beispiele der Bombardierung Palermos und Neapels mit ihren schrecklichen Zerstörungen fruchteten nicht. Der Abt glaubte, das Kloster sei geschützt, denn es beherberge über tausend Flüchtlinge, niemand würde es wagen, Hand anzulegen, selbst Kesselring und andere Generäle hätten ihr Wort gegeben, dass die Abtei weder militärisch besetzt noch verteidigt oder für sonstige kriegerische Zwecke verwendet werde. Von Strategie verstehe er nichts, er könne nicht einsehen, warum gerade dieser Berg von besonderer Bedeutung sein solle. Immer wieder versuchte ich beharrlich, den alten Mann zu überzeugen und ihm zuzusichern, dass ich persönlich die Verantwortung für die Auslagerung von Archiv und Kunstwerken übernehmen würde. Mein Ziel sei es, Archiv und Kunstgegenstände schnellstmöglich und unbeschadet dem dafür zuständigen Ministerium in Rom zu übergeben. Schließlich verabschiedete ich mich mit dem Versprechen, in wenigen Tagen erneut vorstellig zu werden und meine Vorgesetzten von dem Gespräch in Kenntnis zu setzen. Die Zeit drängte, denn die Alliierten waren schon am Volturno durchgebrochen.

Wieder in Teano angekommen setzte ich mich sofort mit Oberstleutnant Ricardi in Verbindung und bat um Aufklärung über das gleichzeitige Auftreten von Schlegel und mir. Gab es zweierlei Befehle? Spielte mich Ricardi gegen Schlegel aus? Oder war alles nur ein Missverständnis, da Ricardi mir doch bereits die

Zustimmung zu meinen Evakuierungsplänen erteilt hatte? Warum wollte mich Schlegel an einer Unterredung mit dem Abt hindern? Ricardi druckste ein wenig herum, überging meine Fragen und meinte schließlich, für die ganze Aktion brauche es doch etliche Lkws, da sei es doch nur logisch, wenn sich ein Kraftfahroffizier um die Organisation des Transportes kümmere. Er, Ricardi, habe Schlegel angewiesen festzustellen, wieviele Fahrzeuge notwendig sein würden, um das Kloster zu räumen. Es sei allerdings nicht möglich, einen Oberstleutnant einem einfachen Stabsarzt zu unterstellen. Der Plan sei nur gemeinsam durchführbar, wir müssten uns eben arrangieren. Das war für mich nach Klärung der Sachlage weiter kein Problem, ich traf mich mit Schlegel und konnte mich von dessen organisatorischer und logistischer Kompetenz sogleich überzeugen, denn unsere Aufgabe war von umfangreicher Komplexität. Kisten und Verpackungsmaterial sowie Mannschaften und Lkws mussten bereitgestellt, Zeiteinteilungen und Routen beachtet werden."

Manchmal zog sich mein Freund Becker zurück und suchte, sofern es möglich war, eine ruhige Ecke, um sich der Lektüre seiner *Tatarenwüste* zu widmen. Bisweilen erzählte er mir davon. Da gab es ein paar

Stellen, die er immer wieder las, weil er sich auf besondere Weise mit ihnen identifizieren konnte, wie er in seinem Tagebuch notiert. So hieß es etwa im 10. Kapitel, Drogo habe sich endgültig entschieden, in der Festung Bastiani zu bleiben, und was im Buch stand, das galt auch für Becker. Eine unbestimmte Sehnsucht hielt ihn fest, aber da war noch etwas anderes, denn die Hoffnung auf kriegerische Heldentaten hätte dazu kaum ausgereicht. Er glaubte, eine hochherzige Entscheidung getroffen zu haben. Becker las in dem Roman, wie Drogo erst viele Monate später im Rückblick die Beweggründe erkennen wird, die ihn an die Festung binden. Er bemerkte an sich die Veränderungen, die der Stumpfsinn der Gewohnheiten des Dienstes angerichtet hatte, er erkannte hinter den beunruhigenden Meldungen, die ihn anfangs noch beeindruckt hatten, die militärischen Eitelkeiten, den monotonen Ablauf und das zur Gewohnheit gewordene Zeremoniell. Mit der Zeit hatte auch er die Regeln begriffen, die Ausdrücke gelernt, das ganze Drumherum, von dem Buzzati schrieb. Auch Becker kannte, wie Drogo, die Marotten seiner Vorgesetzten, die Haltungen, die Bewegungen, die Ecken und Kanten, die Bedeutung der Befehle und Kommandos. Es waren diese in Fleisch und Blut übergegangene militärische Haltung und die Gesten, mit denen man sich auch bei niedrigeren Dienstgraden Anerkennung erwarb. Offiziere wie Mannschaft, das Befehlen und Organisieren war ihm zur Gewohnheit geworden.

Aber neben Drogo gab es da ja noch einen Oberstleutnant, mit dem es schwierig war. Mir gegenüber gestand Becker offen, dass ihm Oberstleutnant Schlegel menschlich nicht besonders sympathisch war und er von der ersten Begegnung an mit einer gewissen Reserviertheit auf ihn reagierte. Der Vorbehalt beruhte vermutlich auf Gegenseitigkeit und war eine rein persönliche Angelegenheit. Irgendetwas sträubte sich in Becker, aber er hatte sich diszipliniert und dazu überwinden können, sich zu arrangieren, denn schließlich ging es um die kostbaren Güter, die in Sicherheit gebracht werden mussten. Becker beugte sich diesem höheren Interesse, das er mit Schlegel teilte, und ohne Schlegels Lkws wäre das Vorhaben undurchführbar gewesen.

Die nächste Verabredung Schlegels mit dem Abt geschah bereits gemeinsam mit Dr. Becker, wenn auch mit der Faust in der Tasche, und es kam zu komplizierten Verhandlungen, zumal von mehr als 200 Kisten die Rede war, die für die Evakuierung notwendig sein würden. Im Detail wurde festgelegt, dass die Besitztümer des Klosters an andere Benediktinerabteien übergeben, die Besitztümer des italienischen

Staates, wie etwa jene Objekte aus Neapel, jedoch in einem Depot in Spoleto zwischengelagert werden sollten. Im Beisein und mit ausdrücklicher Zustimmung des Oberstleutnants Schlegel gab der Stabsarzt dem Abt vor allen Anwesenden sein Wort als Offizier, persönlich Verantwortung für das italienische Staatseigentum zu übernehmen, es sachgemäß und in jeder Hinsicht einwandfrei in einem sicheren Teil des Landes aufzubewahren und den zuständigen italienischen Stellen vollständig zu übergeben. Dafür verbürgte er sich mit seiner Person und der Ehre seiner Familie.

Schon am nächsten Tag, dem 17. Oktober 1943, rollte die Aktion an. Die anspruchsvolle technische Durchführung oblag vereinbarungsgemäß Oberstleutnant Schlegel. Um das Vorhaben ausführen zu können, verzichtete Becker auf seinen Sonderurlaub zur Evakuierung seiner Frau und seiner beiden Kinder aus dem immer gefährlicher werdenden Berlin.

Oberstleutnant Schlegel sorgte in einer Fabrik nahe Volturno für auf Maß zugeschnittene Bretter und Kisten und bewies dabei großes Organisationstalent sowie erstaunliche Qualitäten in der Motivation und Führung der Mannschaften und Flüchtlinge, die als Hilfskräfte eingesetzt wurden. Er war das Befehlen und Organisieren gewohnt, man merkte, wie effizient er es tat. Viele Bürger Cassinos stellten sich freiwillig zur Verfügung. Die besondere Tragik bestand darin, dass etliche dieser Männer, Frauen und Kinder wenig später dem barbarischen Bombardement der Alliierten zum Opfer fielen.

Unter den sichergestellten Kunstschätzen fanden sich zahlreiche Gemälde, Stiche, Messbücher und Urkunden, darunter Handschriften unter anderem von Tacitus, Cicero, Horaz, Ovid, Virgil und Seneca. Hinzu kamen Auslagerungen aus Herculaneum sowie Bestände der Nationalbibliothek in Neapel. Als die in Seide gewickelten Gefäße mit den Reliquien von Benedikt und seiner Schwester Scholastika verladen wurden, sah ich, wie die hängende Unterlippe des Erzabtes bebte und er Tränen in den Augen hatte. Doch für Trauer blieb wenig Zeit.

Die Transporte in Begleitung von je zwei Mönchen als Eigentumseskorte erfolgten wegen der Gefahr der Angriffe von Tieffliegern nachts. Jene Fuhren, die den italienischen Staatsbesitz der Ausstellung in Neapel – beispielsweise Tizians *Danae*, ein El Greco und die beiden einzigen Goyas von ganz Italien – ins Divisions-Nachschublager in der Villa Colle Ferretto bei Spoleto beförderten, durften nicht von den Mönchen begleitet werden, da ihr vorgesehener Standort aus militärischen Gründen geheim bleiben musste, obgleich er allseits bekannt war.

Zwei Manuskripte der englischen Dichter Shelley und Keats, die schon im 19. Jahrhundert aus Rom eigens nach Montecassino in Sicherheit gebracht worden waren, transportierte Dr. Becker persönlich: getarnt als Handgepäck seines Mitreisenden, des Archivars des Klosters namens Mauro Inguanez. Er stammte aus Malta, war also Engländer und misstraute den Deutschen. Während der Fahrt in Beckers kleinem Fiat verriet er mir, der englische Premierminister William Gladstone habe einst die Italiener überzeugt, kostbare Kunstgegenstände im Kloster Montecassino zu deponieren, um sie vor Schaden zu bewahren. Wie tragisch wäre es doch jetzt, wenn ausgerechnet auf Verantwortung der Engländer diese zerstört würden.

Während der Gespräche stellte sich heraus, dass mein Freund Becker und der Archivarius Inguanez den Dichter Henry Wadsworth Longfellow liebten. Der maltesische Mönch zitierte die zu diesem Zeitpunkt prophetisch anmutenden Schlusszeilen aus Longfellows Gedicht *Monte Cassino*:

The conflict of the Present and the Past,
The ideal and the actual in our life,
As on a field of battle held me fast,
Where this world and the next world were at strife.

For, as the valley from its sleep awoke,
I saw the iron horses of the steam
Toss to the morning air their plumes of smoke,
And woke as one awaketh from a dream.

Nach und nach sickerten Gerüchte durch, deutsche Soldaten plünderen das Kloster. Dies rief nicht nur diverse Propagandasender der Alliierten, sondern auch die Kettenhunde der Feldgendarmerie auf den Plan, die Befehl hatten, den Behauptungen nachzugehen und notfalls die Plünderer sofort festzunehmen. Erst nachdem der Abt, etliche Mönche, Schlegel und Stabsarzt Dr. Becker den Verdacht ausräumen konnten, zogen die Feldgendarmen wieder ab und erstatteten Generalfeldmarschall Kesselring Meldung.

Um der Feindpropaganda den Wind aus den Segeln zu nehmen, schlug jemand dem Divisionskommandeur vor, die in Rom stationierte Propagandakompanie aufzufordern, über die Bergungsaktion zu berichten. Bald darauf erschien ein Trupp von Kriegsberichtern mit dem Auftrag, für den *Zeitfunk* eine Radioreportage durchzuführen. Dabei wurden Schlegel, Becker und ich interviewt. Becker bekannte, das Unternehmen in Gang gesetzt zu haben, um dem italienischen Volk seine Kultur- und Kunstschätze zu erhalten und einen Beitrag zur

Bewahrung der europäischen Kultur zu leisten. Ein Kamerateam der *Wochenschau* hielt verschiedene Szenen auf Film fest.

Bei dieser Gelegenheit konnte besonders hervorgehoben werden, dass neben Kunstgegenständen auch die Gebeine des Heiligen Benedikt in Sicherheit gebracht worden waren. Sie wurden zur Benediktinerabtei St. Paul und zum benediktinischen Studienkolleg St. Anselmo nach Rom überführt, wo auch ich eine vorübergehende, vor den Bombenangriffen sichere Bleibe finden sollte.

Es dauerte dann nicht mehr lange, und Rom wurde zur offenen Stadt erklärt. Spätestens zu diesem Zeitpunkt wurde mir klar, was ich immer schon geahnt hatte: Ich war nur ein winziges Rädchen im großen Getriebe. Aber galt das auch für meinen Freund Becker? Trotz seiner Rettung der Kunstschätze von Montecassino?

Wie immer, wenn etwas besonders gut gelungen schien, begann in mir ein winziger Zweifel am Sinn des Ganzen zu nagen, diffus und unbestimmt, ein unterdrücktes, ungutes Gefühl, das erst im Laufe der Jahre größer und konkreter werden sollte. Auf den genauen Grund komme ich noch zu sprechen.

Zu Allerheiligen ließ der Abt eine Dankmesse zelebrieren und überreichte im Anschluss Oberstleutnant Schlegel und Dr. Becker eine in lateinischer Sprache und altlangobardischer Schrift verfasste Dankesurkunde, versehen mit der Unterschrift des Abtes und dem Siegel des Klosters. Ein drittes Exemplar für den General nahm Schlegel stellvertretend entgegen.

Warum Oberstleutnant Schlegel in seinen späteren Aufzeichnungen die Überreichung der Urkunde an Becker nicht erwähnt, entzieht sich meiner Kenntnis, wo doch Becker wiederum schriftlich bestätigte, Oberstleutnant Schlegel habe seine Anordnungen für die Transporte mit großer Umsicht getroffen, seine Handhabung des Bergungsgutes sei vorbildlich, sachgemäß und sorgfältig gewesen, es seien weder Verluste noch Beschädigungen zu beklagen.

Bei der symbolischen Übergabe der Kunstschätze in der Engelsburg war Dr. Becker nicht eingeladen. Man hatte ihm – auf wessen Initiative auch immer – schlichtweg den Termin verschwiegen. Anwesend waren der Stadtkommandant von Rom, der Bevollmächtigte des Benediktinerordens, ein Kunstprofessor im Rang eines Hauptmanns, hohe Würdenträger der Kurie sowie Vertreter des italienischen Staates. Der Abt-Primas der Benediktiner in Rom brachte seine Dankbarkeit zum Ausdruck, die Reporter schrieben fleißig mit. Bei den Feierlichkeiten stand Schlegel im Vordergrund, sprach von seinen Leistungen und den Wagenkolonnen und zeigte sich von den anerkennenden Worten von Bischof Alois Hudal besonders tief ergriffen, immerhin von einem Kirchenmann, dessen Name nach dem Krieg mit der als *Rattenlinie* bezeichneten Fluchtroute ehemaliger Nazis und SS-Mitglieder nach Südamerika genannt wurde. Zeitweise kursierte sogar das Gerücht, Hudal habe auch Martin Bormann nach Südamerika geschleust.

Die Übergabe der Kunstwerke aus Neapel fand erst einen Monat später im Januar 1944 auf der Piazza Venezia statt. 31 Lastwagen der Division Hermann Göring beförderten 172 Kisten mit Gemälden und über 600 Kisten mit den Büchern der Nationalbibliothek Neapel. Die Bücher wurden in die Universität *Sapienza* gebracht, über die Gemälde aus Neapel, die nur einer kurzen Kontrolle unterzogen wurden, fertigte man jedoch kein Protokoll an. Später stellte man fest, dass 17 Kisten fehlten. Von dem hektischen diplomatischen Kompetenz-Wirrwarr und dem Gezänk hinter den Kulissen zwischen dem vatikanischen Staatssekretariat, der italienischen Denkmalschutzbehörde, dem Außenministerium, den Mitgliedern des Deutschen Archäologischen Instituts, dem Vatikanbotschafter von Weizsäcker und dem der Botschaft zugeordneten SD-Mann Scheibert sowie den Kunstschutzbeauftragten von Tieschowitz und seinem Nachfolger Evers habe ich gottlob nichts mitbekommen. Sobald etwas in die Klauen von Institutionen gelangt, geht die ursprüngliche Bedeutung einer Sache verloren.

Die Historiker bestätigten insgesamt über 120 Lkw-Ladungen mit transportierten Kunstgegenständen aus dem Kloster. Die Rettungsaktion war am 1. November 1943 abgeschlossen. Die Übergabe an den Vatikan erfolgte formell am 8. Dezember 1943 und am 4. Januar 1944 an die italienischen staatlichen Stellen. Heute kann man vielfach lesen, das gesamte Unternehmen sei lediglich ein billiger Vorwand für Kunstraub gewesen, der von Anfang an so geplant gewesen sei. Von 90.000 wertvollen Büchern aber fehlte kein einziger Band.

Freimütig bekannte Schlegel, in Kunst und Kunstgeschichte kein ausgewiesener Experte zu sein und im Gegensatz zu Becker nur in bescheidenem Umfang Italienisch zu sprechen. Ihm genügte es, an Sonntagen gelegentlich ein Museum zu besuchen. Er ging von vorneherein davon aus, dass das Kloster aufgrund seiner geostrategischen Lage nicht zu retten war.

Schlegel sprach später allerdings auch von seinem Gewissen und seiner Verantwortung gegenüber den Kunstschätzen und berief sich mehrfach auf seine innere Stimme und seine Bestimmung durch höhere Mächte, die ihm auch die Angst vor dem Kriegsgericht genommen habe. Ein wenig Pathos liegt in seinen Worten, mit denen er nach dem Krieg seine Sicht der Dinge in einer Artikelserie unter dem Titel *Mein Wagnis in Montecassino* in der österreichischen Wochenzeitung *Die Furche* darstellte, um sie der Nachwelt zu hinterlassen. Ich habe mir natürlich gleich eine Kopie davon besorgt.

So habe er beim ersten Anblick der weltberühmten Abtei unwillkürlich die Hände gefaltet. In manchen Passagen stößt Schlegel dabei an die Grenzen seiner Ausdrucksfähigkeit, wenn er etwa von einer „ungemein zarten Madonna“ oder dem „demütig-erhabenen“ Abt schwärmt und ihm eine innere Stimme befohlen habe: „Du musst es tun!“

Zwei Wochen nach dem pompösen Übergabezeremoniell in Rom befahl der Oberfeldarzt als Disziplinarvorgesetzter Dr. Becker zu sich, um ihm nicht nur eine ordentliche Standpauke zu halten, sondern ihm auch die heftigsten Vorwürfe zu machen, sich in die internen Angelegenheiten der Panzerdivision Hermann Göring eingemischt zu haben, die ihn als Truppenarzt einen Scheißdreck angingen. Ihm sei überdies zu Ohren gekommen, Becker pflege freundschaftlichen Umgang mit zwielichtigen Zivilpersonen, fraternisiere mit Pfaffen und Italienern und nehme zu dienstfremden Zwecken kriegsnotwendige Fahrzeuge in Anspruch, leiste sich private Ausflüge nach Spoleto und, das war der schlimmste Vorwurf, entferne sich unerlaubt von der Truppe. Er werde ihn deshalb vor ein Kriegsgericht stellen. Er könne sich ja vorstellen, welches Urteil er zu erwarten habe. Eine Versetzung an die Ostfront sei in seinem Fall noch viel zu gnädig.

Wieder kramte Pater Remo in Beckers Aufzeichnungen. Es dauerte eine Weile, bis er endlich fündig wurde und mir demonstrativ die Blätter entgegenhielt, aus denen er schließlich vorlas:

„Ich ließ den Mann bellen und entgegnete ihm in aller Ruhe und mit fester Stimme, meine Tätigkeit sei von meinem Kommandeur gebilligt worden. Überdies sei meine Einheit zur fraglichen Zeit gar nicht im Einsatz gewesen, ein Kollege habe mich ordnungsgemäß medizinisch vertreten. Ich habe mich um Sonderurlaub bemüht, der genehmigt worden war, und zugunsten der Rettung der Kunstschätze auf Heimaturlaub verzichtet. Überdies wolle ich ausdrücklich darauf hinweisen, dass es sich hier um eine Aufgabe zur Rettung der abendländischen Kultur und Zivilisation gehandelt habe, die man nicht in die Hände unzivilisierter und ungebildeter Barbaren fallen lassen dürfe.

Das brachte den Oberfeldarzt erst recht auf Touren, er baute sich vor mir auf, schrie und fuchtelte herum, stolzierte im Zimmer auf und ab und brüllte mich an mit den Worten, Zivilisation und Kultur hätten nichts damit zu tun, er würde dafür sorgen, dass ich an die vorderste Linie der Ostfront versetzt werde, dort könne ich mich dann mit meinem Zivilisationsfimmel bewähren und dem Iwan deutsche Kultur beibringen.

Das alles war freilich nur Bühnendonner und Theatergewitter, denn kurz darauf wurde ich nach Bologna verlegt. Mein damaliger Kommandeur, immerhin ein Ritterkreuzträger, erkannte sofort, welche Intrige hinter meiner Versetzung stand, konnte aber nichts dagegen unternehmen, denn seine Befugnisse waren gegenüber höheren Rängen beschränkt. Allerdings machte er mich darauf aufmerksam, dass meine Herkunft der korrekten Würdigung meiner Verdienste um die Bergung der Kunstschätze von Montecassino im Weg gestanden habe.“

Dazu müsse man wissen, erklärte Pater Remo, dass Becker als Akademiker mit Doppelstudium in Medizin und Kunstgeschichte nicht gerade besonders beliebt bei den überwiegend ungebildeten Haudegen der Truppe war, von denen viele nicht einmal Abitur und ihre liebe Not mit der deutschen Sprache hatten, während er fließend Englisch, Französisch, Italienisch und sogar einigermaßen Arabisch sprach, weil er als Archäologe in Ägypten gearbeitet hatte. Es erregte Argwohn, dass er in jeder freien Minute seine Nase in irgendwelche fremdsprachigen Bücher steckte und stets ostentativ einen Roman in seinem Brotbeutel herumtrug.

Zum anderen aber kam ihm seine doppelte Staatsbürgerschaft in die Quere. Als Sohn eines deutschen Missionars und einer englischen Mutter war er in Shanghai auf die Welt gekommen und hatte naturgemäß sowohl einen deutschen als auch durch seine Mutter einen englischen Pass. Dass er in der Wehrmacht diente, wurde einerseits als Selbstverständlichkeit vorausgesetzt, weckte andererseits aber auch den unausgesprochenen Verdacht auf Spionage. Becker war ungern Soldat und diente in der Wehrmacht im Grunde genommen nur, um die Position seiner Frau am Berliner Institut für Kunstgeschichte nicht zu gefährden. Sein ursprünglicher Plan, das Medizinstudium in Edinburgh zu absolvieren, war von den Engländern abgelehnt worden, weil er Deutscher war. Er saß immer zwischen den Stühlen.

Nach dem Krieg führten Dr. Beckers Wege lange Jahre nicht mehr nach Italien und wir verloren uns aus den Augen. Auch ich verließ die Welt des Klosters, trat, nicht zuletzt wegen der Kriegserlebnisse von Glaubenskrisen gebeutelt, aus der Kirche aus und arbeitete viele Jahre gänzlich weggeduckt als Archivar und Bibliothekar im Dienst der Privatstiftung der Fürsten von Feringa, einem uralten bajuwarischen Geschlecht. Über den Fürsten und dessen Stiftung geriet ich mehr und mehr in die Kreise der Kunsthändler und des grauen Marktes sogenannter Kunstexperten. Unmerklich schlitterte ich in eine Gesellschaft, die nicht nur aus Ehrenmännern bestand, obgleich sie von großen Namen getragen war. Man schmückte sich mit Adelstiteln und höherem Klerus, hatte aber eine deutliche Tendenz zum Halbseidenen und Unseriösen, zu Fälschung und Hehlerei. Als ehemaliger Mönch war ich unverdächtig, zugleich erfuhr ich als der ins Vertrauen gezogene Archivleiter ungewollt von Gaunereien, in welchen die Kunstbegeisterung die Grenzen der Legalität überschritten hatte. Bald hatte ich mich als ebenso unauffälliger wie kundiger Sachverständiger in Sachen Madonnenhandel etabliert, und so manche spätmittelalterliche Figur, die heute die Villa eines berühmten Schauspielers, Bankdirektors oder Fußballspielers schmückt, ist durch meine Hände gegangen. Nicht jedes Echtheitszertifikat, das die stolzen Besitzer in ihrem Safe aufbewahren, würde einer ernsthaften Prüfung standhalten. Ich habe in dieser Zeit, auf die ich nicht sonderlich stolz bin, ziemlich gut verdient und konnte manchen Groschen für das Alter auf die Seite legen, von dem das Finanzamt nichts wissen muss.

Die Stiftung, deren reichhaltiges Archiv und Bibliothek ich verwaltete, ist zwar außerhalb von Fachkreisen nicht sehr bekannt, arbeitet deshalb aber umso effizienter. Man hängt dort nichts an die große Glocke, überlegt aber genau, wie und mit wem man ertragreiche Geschäfte macht. *Dove l'oro parla, ogni lingua tace*, sagt man im Vatikan. Wo das Gold spricht, schweigt jede Zunge.

Während ich still und unauffällig meiner Tätigkeit als Archivar nachging, betrieb die hohe Politik die erneute friedliche Annäherung zwischen Italien und der Bundesrepublik Deutschland.

Anfang der 50er-Jahre prägten De Gasperi und Adenauer eine Phase, in der es zu vereinzelten Prozessen gegen deutsche Kriegsverbrecher in Italien und Deutschland kam. Allmählich stellte sich heraus, dass eine strikte Verfolgung deutscher Kriegsverbrecher nicht folgenlos bleiben konnte und auch in Italien die Frage nach italienischen Kriegsverbrechern provozieren würde. Deshalb wurde auf diplomatischem Wege beschlossen, Aktenmaterial über die Deutschen zwar in einem „Schrank der Schande" zu archivieren, aber keine weiteren spektakulären Strafverfolgungen mehr zu initiieren. Damit einher ging eine gewisse Glorifizierung der italienischen Resistenza, wobei anzumerken ist, dass die führenden politischen Köpfe der italienischen Nachkriegsgeschichte wie De Gasperi oder Pertini aus dem Widerstand kamen.

In der Frage der Restitution war man in Deutschland von Anfang an bestrebt, „Wiedergutmachung" zu leisten. Das ging bis zur Selbstverleugnung, sofern man selbst dort Kunstraub einräumte, wo Kunstgegenstände nachweislich ordnungsgemäß erworben worden waren.

In meinen späteren Jahren, als ich angesichts der zunehmenden Erosion all dessen, woran ich einst glühend, dann immer weniger und schließlich überhaupt nicht mehr geglaubt hatte, als mir alles ins Wanken geriet, ich nach innerem und äußerem Halt suchte und ich zuletzt dann doch wieder reumütig in den Schoß der Kirche zurückkehrte, hatte ich das Glück, mit einer Erbschaft einer frommen Gönnerin bedacht zu werden, die mir ein finanziell sorgenfreies Alter garantierte.

Ich blieb Junggeselle, gewissermaßen im Herzen und Lebensstil immer noch Mönch, und richtete mich im Laufe der Jahrzehnte dank des großzügigen Entgegenkommens des Priors hier oben in der Abbazia San Michele ein. Ich schuf mir eine Eremitage mit handverlesener Privatbibliothek sowie umfangreichem Archiv im Kopf wie in den Regalen und Schubladen. Mehr brauche ich nicht. Hier sucht mich niemand, um offene alte Rechnungen zu begleichen. Es ist mir ohnehin ein Rätsel, wie Sie mich gefunden haben.

Es hat mich offensichtlich wieder auf einen Berg gezogen, wie damals auf den Monte Cassino. Allein was die Imposanz angeht, dürfte die Sacra di San Michele auf der ganzen Welt allerdings schwer zu übertreffen sein. Ich fühle mich in dieser uralten Benediktinerabtei wie in einer uneinnehmbaren mittelalterlichen Burg. Heute ist das Kloster in der Hand von wenigen Rosminianern. Sie bilden eine katholische Ordensgemeinschaft von Priestern und Laienbrüdern. Die Kongregation wurde 1828 auf dem Monte Calvario bei Domodossola vom Seligen Grafen Antonio Rosmini-Serbati als *Istituto della Carità* gegründet. Für mich war diese Gemeinschaft insofern günstig, da sowohl Priester Mitglieder werden können, die das Gelübde ablegen, als auch Laienbrüder, die nur das Gelübde nach den franziskanischen Tugenden ablegen. In fortgeschrittenem Alter fielen mir Armut, Keuschheit und Gehorsam nicht mehr schwer.

Wenn ich einmal nicht mehr sein werde, wird mein kleines Reich im Handumdrehen verschwinden und mit ihm alles, was mein Leben ausgemacht hat. Nichts wird bleiben, da ich ohne Nachkommen bin und sich auch niemand für meine Geschichte interessieren wird. Es wird mir bei der Zerstörung ähnlich ergehen wie der Abtei Montecassino.

Obwohl ich meinen damaligen kunstgeschichtlich hochgebildeten Gesprächspartner und Freund Becker nie vergessen habe, konnte ich seinen weiteren Lebensweg lange Zeit nur lückenhaft nachverfolgen.

Bis heute weiß ich nicht, in welchen Teilen der Welt er sich aufgehalten hat. Wen ich auch fragte, jeder erzählte mir eine andere Geschichte. Was davon wahr ist, kann ich nicht beurteilen. Erst lange Jahre nach angeblichen Aufenthalten in Mittel- und Südamerika kehrte er nach Deutschland zurück und nahm, wie ich mir vorstelle, Kontakt mit einigen früheren Freunden und ehemaligen Kriegskameraden auf, zumal an ihm der Makel des Kunstdiebes haftete. Die Korrespondenzen und Gespräche drehten sich mutmaßlich meistens um ihre gemeinsame Kriegszeit, insbesondere aber um die Rettungsaktion von Montecassino.

Eines Tages besuchten ihn, wie er mir schrieb, nachdem wir uns brieflich endlich wiedergefunden hatten, zwei amerikanische Historiker und ließen sich seine Sicht auf die Rettung der Kunstschätze erzählen. Nach und nach gelang es ihm, zahlreiche Dokumente und eidesstattliche Erklärungen beizubringen, die geeignet waren, die wahre Geschichte der Rettung des Klosterschatzes von zahlreichen Gerüchten und erfundenen Geschichten zu befreien und auf der Grundlage einwandfreier Fakten zu konkretisieren. Mit einigem Aufwand und unter Verwendung eines Gutteils seiner Ersparnisse konnte er nachweisen, dass er nichts mit den aus dem Schatz abgezweigten Kunstgegenständen zu tun hatte, die als Geschenk an Hermann Göring gegangen waren.

In einem mir in Kopie vorliegenden Schreiben an Pater Carcaterra vom 18. Februar 1964 mutmaßt Becker auch, dass möglicherweise noch mehr wertvolle Gegenstände hätten gerettet werden können, wenn der Argwohn mancher Mönche nicht so groß gewesen wäre. Mancherlei Missverständnisse hätten sich vermeiden, ja gegebenenfalls vielleicht sogar noch manches Wertvolle mehr an klösterlichem Eigentum in Sicherheit bringen lassen, das dann später bei der Zerstörung der Abtei leider mitvernichtet wurde.

Lange schwebte der Vorwurf des Kunstraubes über meinem Freund, der aber zuletzt auch von benediktinischer Seite her glaubwürdig entkräftet werden konnte. Sogar die Deutsche Botschaft am Heiligen Stuhl bestätigte in einem Schreiben an das Auswärtige Amt in Bonn, was vorher bereits der Archivar und der Abt des Klosters ausdrücklich herausgestellt hatten: Dass der damalige Stabsarzt Dr. Becker der Initiator der Bergung von Archiv und Bibliothek der Abtei gewesen sei und der Oberstleutnant Schlegel die Logistik der Aktion verantwortet habe. Einige Mönche meinten, Beckers Aussagen seien glaubwürdiger als jene von Schlegel, in denen es einige Widersprüchlichkeiten und Ungereimtheiten gebe. Ich will hier kein Urteil fällen und vor allem nicht den einen gegen den anderen ausspielen. Beide haben, jeder auf seine Art, zur Rettung der Kunstschätze beigetragen.

Das Wort des Abtes Gregorio Diamare, der Tag werde kommen, an dem die ganze Welt die Wahrheit über Montecassino erfahren werde, hat mich gerade auch mit Blick auf meinen Freund Becker immer mit Zuversicht erfüllt.

Dr. Becker erinnerte sich, wie der doppelzüngige Ricardi eines schönen Tages auf die glorreiche Idee kam, aus Anlass des erfolgreich geretteten Klosterschatzes durch die Panzerdivision Hermann Göring müsse man „dem Dicken" unbedingt zum 12. Januar ein Geburtstagsgeschenk machen und deshalb ein paar Kunstwerke für Carinhall in der Schorfheide abzweigen: Man habe die Schätze den Pfaffen nicht aus der Nase gezogen, um sie ihnen am Ende wieder zurückzugeben. Derlei gehöre heim ins Reich als Garanten für Macht, Ruhm und Ansehen.

Auf derart ruchlose Gedanken konnten nur die hundertfünfzigprozentigen Nazis kommen.

Genau aus diesem Grund, schrieb mir mein Freund in einem seiner Briefe, habe er seinerzeit, kaum dass er von der Sache gehört habe, erneut um Urlaub gebeten und sei nach Spoleto gefahren, wo er einige Kisten aufgebrochen vorgefunden habe. Etliche Gemälde habe man an eine Wand gelehnt: wie zur Exekution freigegeben. Darunter der berühmte *Blindensturz* von Pieter Bruegel d. Ä. Dr. Becker ahnte, welche Barbarei hier ausgeführt werden sollte und knöpfte sich, wie er berichtet, den Obergefreiten und Kunsthändler Walter Andreas Hofer vor, der als „Direktor der Kunstsammlungen des Reichsmarschalles" im Auftrag Görings als bestens vernetzter

Kunstexperte, Kunstbeschaffer und Einkäufer auf Diebestour war. Dabei erfuhr Becker nebenbei das Gerücht, Ricardi habe bereits mit Görings Adjutanten vereinbart, dass der Reichsmarschall ein „kleines Geschenk“ erhalten solle. Offenbar sei das, so wurde behauptet, von Anbeginn sein Plan gewesen. Schlegel sei daran nicht beteiligt gewesen, wie zu seiner Ehre unbedingt gesagt werden müsse.

In seinem Zorn wandte sich Becker an Schlegel, der so viel Charakter hatte, sich einverstanden zu erklären, gemeinsam mit Becker diese Aktion zu unterbinden, um damit wenigstens gegenüber dem Kloster und Rom nicht als wortbrüchige Verräter dazustehen. Alles andere widerspreche jeder Offiziersehre. Gottlob wussten Becker und Schlegel letztinstanzlich Kesselring im Rücken. Dennoch hat es die Göring-Fraktion geschafft, 17 Kisten verschwinden zu lassen.

Diese gehörten aber zu jenem Bestand, der aus dem bombardierten Neapel ins Kloster Montecassino ausgelagert worden war. Man konnte sie schlecht im Vatikan unterbringen, denn sie waren nicht Eigentum der Kirche, sondern des Staates.

Heute ist allgemein bekannt, was weiter geschah. Im Dezember 1943 kamen diese Kunstgegenstände im Hauptquartier der Hermann-Göring-Division in

Reinickendorf an und wurden von dort nach Carinhall gebracht. Natürlich wusste Görings Sekretärin davon und erstattete auch sogleich Meldung. Daraufhin ließ Göring Hofer wissen, dass er die Kunstgegenstände von Montecassino unter keinen Umständen als persönliche Geburtstagsgeschenke akzeptieren würde. Da man sie aber andererseits nicht wieder in das Kampfgebiet zurückbringen wollte, wurde beschlossen, sie zeitweilig in Carinhall auszustellen. Nach einigen Monaten wurden die Gemälde in einen Luftschutzbunker gebracht, während die Skulpturen und kleineren Kunstobjekte auf dem Gut in der Schorfheide blieben. Erst im Februar 1945 wurden auf Anweisung Görings alle Kunstgegenstände, die von Montecassino gekommen waren, in die Reichskanzlei nach Berlin gebracht und der Verantwortung von Reichsleiter Martin Bormann übergeben. Darunter befanden sich der *Blindensturz*, Raffaels *Heilige Familie*, Tizians *Danae*, Lottos *Heilige Familie mit Engeln*, Tiepolos *Mythologische Szenen mit Neptun* und Joos van Cleves *Anbetung der Könige*. Mitte bis Ende März 1945 wurden die wertvollsten Gemälde der Sammlung Göring nach Altaussee in einen Salzstollen gebracht. Die eingelagerten Kunstwerke wurden von österreichischen Patrioten vor der Sprengung durch SS-Einheiten bewahrt. Weitere Kisten mit Akten wurden ins Munsbergwerk eingelagert und mit den Kunstwerken nach dem Krieg an Italien zurückgegeben.

Inwieweit Oberstleutnant Schlegel in diese Angelegenheit eingeweiht oder gar eingebunden war, entzieht sich meiner Kenntnis. Mir ist allerdings bekannt, dass man ihn in Österreich zunächst wegen einer mir nicht näher bekannten Sache im Russlandfeldzug als Kriegsverbrecher verdächtigt und sieben Monate inhaftiert hat, ehe er rehabilitiert und mit Ehrungen bis auf den heutigen Tag bedacht wurde. Bedauerlicherweise wird der Name des Stabsarztes Dr. Becker im Rahmen der Montecassino-Aktion nur selten genannt. Hat man ihn vergessen oder vergessen wollen? Ich will Schlegel nicht unterstellen, dass er den Ruhm für sich alleine beanspruchte.

Allerdings gebe ich zu bedenken, dass mit zunehmendem Alter jeder von uns irgendwann einmal auf seine eigene Fiktion hereinfällt. Dieser Umstand sorgt auch dafür, was im Gedächtnis hängenbleibt und was durch das Sieb fällt. Ich bin bisher nicht dahintergekommen, nach welchen Gesetzen sich dies vollzieht. Ob ein medizinischer Fachbegriff wie *False Memory Syndrom* dafür ausreicht, kann ich zwar nicht beurteilen, wage es aber zu bezweifeln.

Im Laufe der Jahre erkrankte mein Freund Becker schwer, und seine Nachrichten wurden immer seltener. In seinem letzten Brief kurz vor seinem Tod schrieb er mir, der Gedanke der Bergung unersetzlicher Kulturgüter und Kunstschätze sei überhaupt erst während der Zusammenarbeit mit zwei Franziskanermönchen des kleinen Klosters San Antonio bei Teano geboren worden: Padre Giangiuseppe Giovanni Carcaterra und Padre Baldassare Califano. Ihr Einfluss habe die Idee konkret werden lassen und den Bergungsplan inspiriert. Die Aufgabe von Montecassino sei allerdings weitaus größer gewesen als diejenige der Bergung von Beständen der neapolitanischen Nationalbibliothek in Teano. In Montecassino war Becker auf Oberstleutnant Schlegel angewiesen. Seine Gedanken waren ihm anfangs aufgrund seines barschen Auftretens nicht ganz klar gewesen. Er versuchte, ihn als Verbündeten für seine Sache zu gewinnen. Meine Mittlerschaft sei bei den Erwägungen des Abtes zur Bergung der Kunstschätze zweifellos förderlich gewesen. Überdies hätten zahlreiche Flüchtlinge, meist Bürger von Cassino, ihre Arbeitskraft freiwillig und ohne Zwang zur Verfügung gestellt. Auch das habe eine wichtige Rolle gespielt.

Was ihn persönlich angehe, so müsse er sagen: Vom ersten Anblick an übten Berg und Kloster

Montecassino auf ihn eine magische Anziehung aus, die er mit Worten oder wissenschaftlichen Begriffen nicht erklären könne, denn es sei eine Anziehung zwischen Faszinosum und Tremendum gewesen. Er habe gewusst, dass dieser Berg und er etwas Geheimnisvolles gemeinsam gehabt hätten, irgendeine dunkle Verknüpfung, aber das klinge zu raunend, um jenen Bereich zu erfassen, der tief verborgen einen Knoten bilde, den er sein Lebtag nicht habe lösen können. Vielleicht sei auch nur jene Kraft am Werk gewesen, die Voltaire einmal das „Pseudonym Gottes" genannt habe.

Noch einmal wolle er ausdrücklich den hohen Anteil von Schlegel an der Rettung der Klosterschätze von Montecassino herausstellen. Er habe die schwierige Aufgabe der Rettung mit seinem außergewöhnlichen Organisationstalent ohne Fehl und Tadel gemeistert. Eine ähnliche Anerkennung hätte er sich allerdings auch von ihm gewünscht, doch sie unterblieb, und er sei, sofern man ihn überhaupt zur Kenntnis genommen habe, zur Randfigur eines kleinen Helfers herabgewürdigt worden.

Pater Remo seufzte und sagte: Wie so oft im Leben bewahrheitete sich die banale Tatsache, dass der eine reiten kann, der andere aber das Pferd hat. Schlegel seien die Würdigungen, Gedenktafeln und Denkmäler bis hin zur Benennung einer Gasse in einem Wiener Gemeindebezirk durchaus gegönnt. Aber es wäre nur recht und billig gewesen, diesen Ruhm nicht für sich alleine zu beanspruchen, sondern ihn großzügig und wahrheitsgemäß zu teilen. Groß genug wäre er ja. Man dürfe allerdings auch nicht unterschlagen, dass Schlegel nach dem Krieg zunächst eine schwere Zeit hatte und um seine Würde kämpfen musste. Erst 1952 durfte er als Ehrengast der Benediktiner nach Rom reisen.

AUFNAHME 4. TAG

Die Geschichte wäre eine schöne Sache,
wenn sie nur wahr wäre.

Leo Tolstoi:
Krieg und Frieden

Gewiss, die Geschichte der Kunstrettung von Montecassino ist schon oft erzählt worden, aber nie war davon die Rede, dass nicht nur Bilder, Bücher und Dokumente nach Rom transportiert wurden, sondern, verteilt auf verschiedene Lkws, nach und nach auch Zivilisten evakuiert wurden. Dass diese Menschen überhaupt die Möglichkeit erhielten, das Kloster vor seiner Bombardierung zu verlassen, ist wiederum über vielfältige Umwege und organisatorischen Vorbereitungen meinem Freund zu verdanken.

Ich erinnere mich im Einzelnen außerdem an vier Personen, die ich während meiner Zeit in Montecassino näher kennengelernt habe. Möglicherweise war der eine oder andere dieser Menschen ein Agent der Alliierten, der dem SD und der Abwehr durch die sonst so engen Maschen geschlüpft ist. Krieg bedeutet Chaos, und je konkreter der Krieg wird und je näher er rückt, desto mehr lösen sich die Ordnungssysteme auf. Agenten aber finden immer einen Platz. Sie fühlen sich in solchen Situationen wie der Vogel im Hanfsamen.

Da war ein Biologie- und Lateinlehrer, der sich, wie ich zunächst vermutete, als Gast des Klostergärtners tarnte, weil beide eine Leidenschaft für Kräuter hatten, aus denen sich Arzneien herstellen ließen. Die versteckten und von Unkraut überwucherten, hinter hohen Hecken verborgenen Winkel eines Gartens, wo allerlei Gerümpel die Zeit auf seine Weise überdauert, sind auch mir von Kindheit an kostbarer gewesen als die fein säuberlich gepflegten Vorgärten mit ihrer wohl geordneten und vom Erfolg abgezirkelten Friedhofsruhe, die nicht selten ein offenes Fenster sind und den Blick freigeben hinein in die gute Stube des Spießertums.

Nicht anders als mit den Gärten und ihren verstohlenen Orten, wo Igel ihre Nester bauen, verhält es sich mit Dörfern und Städten. Die einen beispielsweise nennen das Städtchen Santa Margherita an der Küstenstraße, die Rapallo mit Portofino verbindet, schlicht Santa, die Heilige, die anderen sprechen von der Perle von Tigullien. Gemeint ist ein kleiner Ort in Ligurien, zur Provinz Genua gehörig, eine durchaus in Ansätzen elegante Hafenstadt an der Riviera di Levante mit der offiziellen Bezeichnung Santa Margherita Ligure. Was die Berühmtheit angeht, so steht Santa Margherita zweifellos im Schatten von Portofino mit seiner unvergleichlichen Naturkulisse.

Es gibt Menschen, die blühen an solchen Orten auf und fühlen sich wohl, aber es gibt andere, denen wird ihre Isolation und Einsamkeit hier erst richtig bewusst. Ich stelle mir vor, dass es dem Biologie- und

Lateinlehrer Cornelio Barbaro so ergangen ist, der dort geboren wurde und lange Zeit seines Lebens zugebracht hat, nebenher auch als Dichter traurig gestaunt und heiter verzichtet hat. So gestimmt hat er womöglich jene Bitternis verspürt, die dem Einsamen eigen ist. Sein Name wird den wenigsten Literaturkundigen ein Begriff sein, denn der Lateinlehrer gehörte zu jenen, die allem Lauten und Schrillen, von dem unser Kulturbetrieb übervoll ist, abhold waren und still ihren Weg gegangen sind. Für einen Agenten war dieser Mann zweifellos zu alt, es sei denn, man sah ihn als übriggebliebenen Idealisten eines Ancien Régime des Geistes und der klassischen humanistischen Bildung, für die er mit ebenso einfachen wie subversiven Methoden warb und deren Bekenntnis er ablegen wollte. Dieser Fahne hatte er sich auf ewig verschworen.

Cornelio Barbaro war, typisch Professore, wo immer man ihm begegnete, stets mit seinem Schirm unterwegs: Altphilologe, Latein- und Griechischlehrer, klassisch humanistisch und umfassend gebildet, stupend belesen – es passte alles. Im Ersten Weltkrieg hatte er, wie er mir erzählte, freiwillig Dienst beim Roten Kreuz getan und danach eine Zeitlang nicht unterrichten dürfen, weil er sich geweigert hatte, der Faschistischen Partei beizutreten. Während des Zweiten Weltkrieges verließ er Genua aus Angst vor Bomben. Stattdessen übersetzte er im Kloster Montecassino Euripides und Aischylos und half im Garten. Er liebte Stendhals *Kartause von Parma* und schwärmte von der Duchezza Gina Sanseverina.

Auf mich machte er den Eindruck eines Menschen, der mit eigensinniger Traurigkeit an dem vorbeilebt, was andere üblicherweise anstreben. Früh entschied er sich für eine Existenz am Rande des Geschehens. Er sammelte seltene Pflanzen, kostbare Kräuter und Flechten, die er in Herbarien ordnete und an Universitäten und Apotheken verkaufte, er unterrichtete als Aushilfslehrer Griechisch und Latein und schrieb Gedichte und Prosa-Miniaturen in Schulhefte, die er vermutlich in der Schublade seines Küchentisches aufbewahrte. Wenn man sein Gesicht studierte, las man darin Zeichen des Rückzugs, aber auch eine wache Beobachtungsgabe und den unbestechlichen Blick für jene Abgründe, die hinter unerfüllten Träumen lauern. Ehe er die Ruhe des Klosters aufgesucht hatte, hatte er sich mit seiner Schwester Clelia in Spotorno niedergelassen, wo er, wie ich später hörte, auch nach dem Krieg wie ein katholischer Geistlicher bis zu seinem Tode in einem gemeinsamen Haushalt lebte.

Der Begriff *pianissimo* ist der Superlativ von *piano* und bedeutet als musikalische Vortragsbezeichnung

„sehr leise". *Pianissimo* wählte Barbaro als Titel für seine Aufzeichnungen. Vielleicht kennzeichnete er damit auch jene besonders leise innere Stimme, die jeder von uns hört und womöglich zu selten auf sie achtet.

Ich habe als junger Theologe jene kleine, einfach geheftete Gedankensammlung Barbaros wie einen Führer durch all jene Städte benutzt, die ich kennenlernen durfte. Man kann mit diesem Brevier in der Hand an jene Orte gehen und jenen Menschen begegnen, denen man in irgendeiner Art sein Herz geschenkt hat. Mehr als von den meisten meiner Professoren lernte ich von diesem kräuterkundlichen Altphilologen, mich ins Eine wie ins Andere zu schicken und in mich hineinzulauschen, um den leisen Klang des Rückzugs zu vernehmen jenseits des Aufbegehrens und diesseits der Trauer. Akzeptiert man dies als Grundlage seines Wanderns durch das Leben, so werden einem die Bäume eben Bäume bleiben, wie die Häuser nichts anderes als Häuser, und alles wird sein, was es ist, und Freud oder Leid rühren nicht mehr an einen heran.

Der Blinde in mir sieht dann den Verlorenen. Fern und kalt leuchten die Lichter der Städte, kalt ist auch die Stille der Abtei, aus der ich heraustrete, um mich auf längst abgelaufene Wege der Erinnerung zu begeben, gesäumt von vergessenen Gesichtern und abgespielter Musik. Nur das Pflaster wird meine Schritte wiederholen in einem friedlichen Rhythmus. Begegnen werde ich niemandem, aus den Häusern wird kein rasches Licht auf die Gasse fallen. Was ich halte, wird meinen Händen unweigerlich entgleiten, wie den Träumen Flügel wachsen aus Angst und Trauer, um entschwinden zu können in ihren Deutungen. Nur mein Gehstock, dieser Beweis meines Alters, wird auf das Pflaster stoßen und den Hufschlag eines hinkenden Gauls imitieren.

So wandern auch wir alle zuletzt allein durch die lärmenden Straßen der Erinnerung und vergessen, dass wir Mensch unter Menschen sind, vorbei an kahlköpfigen Alten und unwissenden Kinderaugen, auf der Suche nach jenem Schmerz, der sich in all die Mundwinkel gegraben hat, in denen kein Platz mehr ist für die enttäuschten Hoffnungen, und wir hören den Fluch zu leben, wie er in uns tost und uns weitertreibt durch die neugierig stumpfen Blicke unter einem dunklen Himmel.

Voll solcher Erinnerungen sind uns Herz und Verstand, in denen alles aufbewahrt ist, was je erinnernswert war in unserem Leben. Ungezählt sind die düsteren Tage, in denen wir trauerten und doch Anspruch erhoben auf alles, was ein Leben zu geben hat, auf die alten großen Hände unserer Väter ebenso wie die knisternden Röcke schöner Mädchen oder den schwachen Wind über den Wellen eines verwunschenen Teichs, den Gesang aus den Kneipen, den jeder trinken kann wie billigen Wein. Liebe und Glanz erscheinen unserem Herzen möglich und füllen es aus, denn unser Herz ist zu allem bereit, die Hand des Vaters spürend, die uns über den Kopf streicht, um uns stark zu machen gegen das, was uns künftig besiegen wird. Doch dann folgt dieses Staunen darüber, dass es noch immer Bäume gibt und Frauen mit diesem Schwung in den Hüften, den Nachtwind und die hallenden Schritte auf nassem Asphalt, die Bitternis in den Blicken und die Mutlosigkeit, gegen deren Überfall kein Kraut gewachsen ist, nicht jetzt und nicht in Ewigkeit, aller wiederkehrenden Morgenröte zum Trotz. Denn Sehnsucht, sagt uns die Kunst, ist ohne Wunde nicht zu denken. Am wenigsten zu der Stunde, da die Bilder an Tiefe gewinnen und das Erinnerungsfieber steigt, hier, wo alles aufs Schauen ausgerichtet ist.

Das lehrte mich Barbaro, der ob seines Alters Mühe hatte, auf die Ladefläche des Lkws zu klettern und für sich und seinen unvermeidlichen Regenschirm zwischen all den schweren Kisten mit den wertvollen Kunstwerken einen Platz zu finden. Er war ein Mann, der die Dörfer den Städten vorzog und dem die Welt wie eine Wüste erschien voll bleierner Verzweiflung. Sein Leben, soviel verstand ich als junger Mann, vollzog sich unter dem Trauma der Einsamkeit, der Entfremdung von Menschen und Dingen sowie der Ohnmacht und Sprachlosigkeit des Einzelnen. Trost und Erfüllung fand er im Kräutersammeln und im Klostergarten. Ich glaube, seine Gedanken glichen einem Echolot für die Seelentiefe, obgleich sie doch nichts beweisen wollten. Aber sie nehmen jeden mit, der jene Orte sucht, an denen nichts Großes geschieht. Politik hat im Leben dieses Pflanzenkundlers nie eine Rolle gespielt. Was ihn umtrieb, war allein die Frage nach der Bestimmung des Menschen in einer ihm fremden Welt. Deshalb buhlte er auch nicht um die Gunst der Mächtigen, sondern schlug sich auf die Seite jener, die im Schatten bleiben und unglücklich sind.

Und so wie Barbaros Geburtsort Santa Margherita im Schatten des weltbekannten Portofino steht, so stehen Barbaros demutsvolle Werke im Schatten jener Gedichte seines strahlenden Zeitgenossen Eugenio Montale, der es zwar zum Nobelpreis gebracht haben mag, nicht aber zur schmucklosen Innigkeit jener bescheidenen Zeilen, die der Lateinlehrer Cornelio Barbaro hinterlassen hat. Der eine sammelte Gräser, Kräuter und Flechten, der andere hortete Pokale und Trophäen. Größe verdankt sich hier dem Verzicht auf sie.

Soviel ich erfahren konnte, ist Cornelio Barbaro im Alter von gut 80 Jahren in Spotorno an der Küste Liguriens gestorben, nur wenige Kilometer von seinem Geburtsort entfernt.

Von ganz anderem Format war der wie aus einem Roman entsprungene, stets mit einem schwarzen Anzug bekleidete Russe Boris Morosov. Bei seinem Anblick dachte man sogleich an einen Pariser Nachtclub. Da sieht man Morosov vor dem Eingang stehen und den exquisiten Gästen die Wagentür öffnen, um sie mit ausgesuchter Höflichkeit in das Etablissement zu geleiten. Er bewacht die Pforte, streng wie eine Ordensschwester. Nicht einmal die Königin von Saba wäre an ihm vorbeigekommen.

Es lohnte sich stets, in einer ruhigen Minute ein Gespräch mit ihm zu beginnen. Für mich war er die weltliche Ausgabe unseres Abtes Diamare, denn er strahlte dessen Würde und Weisheit aus. Boris Morosov, vormals zaristischer Oberstleutnant, ein Mann mit Gardemaß, lebte seit 15 Jahren in Paris. Er war den langen Weg über die Mandschurei und Japan gekommen, verdingte sich als Portier eines Nachtklubs und war einer der wenigen Russen, die weder in Garderegimentern gedient haben wollten noch sich auf einen adligen Stammbaum beriefen. Er hatte einen großen kahlen Schädel, buschige Augenbrauen, spielte gerne Schach, bevorzugte die Aljechinische Verteidigung und liebte Hochprozentiges. Dieser Exilrusse von beeindruckender Statur war von Kopf bis Fuß ein Mann von Ehre mit tadelloser Körperhaltung, aber er hing nicht an Titeln und Ehrenzeichen. Schach war für ihn vollkommener als jedes Kartenspiel. Solange man spiele, sagte Morosov, trete diese Sonderwelt an die Stelle der anderen „da draußen". Dazu machte er eine wegwerfende Handbewegung mit Händen groß wie Schaufeln.

Niemand wusste so recht, was ihn ins Kloster geführt hatte und seit wann er hier untergebracht war. Offiziell befand er sich auf einer Pilgerreise. Aber das mitten im Krieg? Andere wollen gehört haben, er sei auf der Suche nach einer italienischen Schauspielerin mit dem Künstlernamen Joan Madou, der er einst schicksalhaft in Paris begegnet sei. Spionierte er für die Franzosen? Träumte er von der Wiedergeburt des Zarenreichs? Keiner hat es je herausgefunden. Ich konnte ihn mir problemlos als Geheimagenten vorstellen, welcher Macht auch immer. Warum er ausgerechnet an mir einen Narren gefressen hatte und mich reichlich mit Anekdoten aus seinem abenteuerlichen

Leben fütterte, blieb rätselhaft. Gewiss, er war oft in der Bibliothek zu finden und kannte sich erstaunlich gut in der Kirchengeschichte aus, sodass ich zeitweilig den Verdacht hegte, er sei am Ende ein aus der Kutte gesprungener Pope und heimlicher Konvertit, aber den letzten Beweis dafür blieb er mir schuldig.

Bemerkenswert fand ich seine geschliffenen Umgangsformen. Mir gefiel, was er von Diskretion hielt. Sie galt ihm als erste Tugend der Hotelangestellten und Nachtklubportiers. Er verglich sie mit dem Beichtgeheimnis. Indiskretion sei nur etwas für Politiker und Kavaliere der großen Welt.

Wenn er seine Weisheiten von sich gab und mit väterlicher Miene lächelte, glaubte ich, einen russischen Roman zu lesen. Da kamen dann Sätze wie „Der Mensch ist groß in seinen Vorsätzen, aber schwach in der Ausführung. Darin liegen unser Elend und unser Charme." Morosov war ein Kenner des menschlichen Herzens und meinte, von allen Gefühlen erschöpfe sich das Mitleid am schnellsten. Er verleugnete allerdings auch nicht „die Ratte im Menschen", die man auf der Stelle ersäufen müsse. Morosov, der im Stehen schlafen konnte wie ein Pferd, hatte immer einen guten Spruch auf den Lippen, wenn es galt, einen Rat zu erteilen. Sein Blick auf die Menschen war illusionslos. Doch zugleich verkörperte Boris Morosov auch das legendenumrankte Russland der tiefen Seelen und der großen Gläser. Von geistigen Höhenflügen hielt er nicht viel: „Wer einen einfachen Geschmack hat, dem gefällt viel. Wer sechzig ist und hinter der Liebe herrennt, ist ein Idiot, der gewinnen will, wenn die anderen mit gezinkten Karten spielen.“ Sein Lieblingsspruch aber war: „Gott schütze deine Augen.“ Mit ihm besiegelte er regelmäßig seine rhetorischen Kapriolen.

Ich habe mir diesen Morosov immer mit einem großen Portiers-Regenschirm in der Hand vorgestellt, mit dem er die Gäste zum Taxi begleitet. Gerade so, wie es einst bei den alten Grand Hotels Usus war, als die Welt noch den Begriff der Höflichkeit kannte, schätzte und vor allem auch praktizierte.

Man konnte allerhand von Morosov lernen und eine Unterhaltung mit ihm war nie langweilig oder belanglos. Im Gegenteil. Er machte einen darauf aufmerksam, dass einer, der nie ohne Regenschirm aus dem Haus geht, garantiert ein Pessimist ist: weil er immer mit Niederschlägen rechnet. Dazu brummte er den Schlager „Unter einem Regenschirm am Abend“.

Der erste Engländer, der es gewagt habe, in London mit einem Schirm zu promenieren, war, wie mich Boris Morosov aufklärte, ein gewisser Mister Hanway, naturgemäß ein weitgereister Mann und Philanthrop, der berühmt gewesen sei für seine Schrullen und seine Exzentrizität. Mister Hanway, Esq. habe seinen Schirm *Umbrella* genannt. Er hatte das Wort vermutlich auf seinen Reisen in Italien gelernt, wo es reizenderweise „kleiner Schatten“ bedeutet.

Früher ließ man sich gerne mit Schirm fotografieren. Auch bedeutende Menschen wie Charles Chaplin oder Mahatma Gandhi wollten nicht ohne ihren Schirm abgelichtet werden. Sherlock Holmes verbarg in seinem Schirm aus beruflichen Gründen einen Stockdegen. Und was wäre Father Brown ohne Regenschirm? Nichts als ein namenloser Kaplan. Insgesamt gesehen aber sind Schirmherren allgemein beliebt, wie die Kunstgeschichte beweist, die voller aufgespannter Schirme ist. Man denke nur an das elegante Paar auf Gustave Caillebottes Gemälde *Rue de Paris, temps de pluie* aus dem Jahre 1877.

Sobald Regenschirm und Politik aufeinandertreffen, kann die Sache allerdings böse enden. Lange nach dem Krieg, im September 1978, wurde auf den bulgarischen Schriftsteller Georgi Markow vermutlich vom bulgarischen Geheimdienst auf der Londoner Waterloo Bridge ein tödliches Attentat verübt, wobei dem Opfer das hochtoxische Rizin mittels eines perfide präparierten Regenschirmes in den Oberschenkel gestochen wurde. Was zunächst einem harmlosen

Zwischenfall glich, erwies sich schließlich als Mord. Die Symptome der Vergiftung wurden viel zu spät erkannt, das Opfer starb nach drei Tagen. Journalisten wollen herausgefunden haben, dass der bulgarische Staatspräsident Todor Schiwkow das Attentat in Auftrag gegeben habe. Angeblich lieferte der KGB Gift und Kapsel.

Verzeihung, ich schweife ab, als sei ich Morosov.

In meiner Vorstellung hielt er, geschmückt mit einem Kindschal und einer Kubanka, den schützenden Schirm nur für ein paar Schritte vom Wagen zum Eingang, vom Eingang zum Wagen über die Gäste des Pariser Nachtklubs. Dann klappte er dieses Requisit, das seine Existenz sicherte, wieder zu. Sobald er wieder in den Schatten neben der Eingangstüre trat, verschwand der wilde Duft seiner alten Heimat und mit ihm sein romanhaftes Schicksal, das so gut zum europäischen Klischee von den Russen mit ihrer schwermütigen Seele in düsterer Samowar-Stimmung passte.

Boris Morosov hat mir übrigens seinen Schirm vermacht: ein Erbe, auf das ich besonders stolz bin und es in Ehren halte. Hier in der Ecke steht das gute Stück. Ich habe es nie mehr aufgespannt.

Der dritte Zivilist, an den ich mich erinnere, war ein hektischer Italiener, immer in Bewegung, nervös fuchtelnd und ruhelos, einer, der nicht stillsitzen konnte und ständig wie ein gefangenes Tier auf und ab tigerte. Man sah ihm und seinem verschlagenen Gesichtsausdruck den Zuträger schon von Weitem an. Er arbeitete bereits für die Zeit nach dem Duce. Heute würde man so jemanden als Hypermotoriker bezeichnen. Die wenigen Gespräche, die ich mit ihm führen konnte, drehten sich stets um die Ideologie des *Mare nostrum*. Er war ein glühender Verehrer dieser Idee einer römischen Vorherrschaft über das gesamte Mittelmeer. Sie wurde durch die nationalistischen Träume des Dichters Gabriele d'Annunzio revitalisiert und gefiel Mussolini, der sich in der Nachfolge des römischen Weltreichs sah und in Herrscherpose das 20. Jahrhundert zum „Jahrhundert der italienischen Macht" ausrief.

Der Hektiker wurde nicht müde, davon in sprudelnden und enthusiastischen Worten zu predigen, begleitet von jenen theatralischen Gesten, die er wie ein Parodist dem Duce abgeschaut hatte.

Er sagte, er müsse dringend zurück nach Rom und habe dem Abt Diamare eine wichtige Botschaft zu überbringen gehabt, die er auch losgeworden sei, doch jetzt komme es ihm darauf an, möglichst schnell wieder in den Vatikan zu gelangen. Bei diesem Mann war alles oberwichtig und überaus dringend. Dass ihm mein Freund Dr. Becker einen Platz auf einem der Lkws zugestanden hatte, lag wohl daran, dass dieser Mann ein Kurier der Kurie war. Er hieß Corrado Ruffini und stammte aus Bordighera an der italienischen Riviera, mithin aus jenem Süden, wohin sich die Bewohner des Nordens seit Anbeginn ihr Arkadien geträumt haben. Nun ist aber dieses Arkadien bekanntlich immer auch mit dem Sterben verbunden. Selbst dort sind die Dinge vergänglich und zeigen noch im schönsten Sonnenlicht oder im romantischsten Mondschein ihre Hinfälligkeit. Die alten Mauern bröckeln, die Marmorreliefs bekommen Sprünge, die Statuen verlieren Kopf und Arm.

Der hektische Italiener erläuterte auf der nächtlichen Fahrt zwischen den Kisten mit den Kunstschätzen des Klosters wortreich jedem, der es wissen wollte oder auch nicht, weshalb Bordighera so berühmt sei und was das mit seinen Vorfahren, der berühmten Familie Ruffini, zu tun habe.

Dazu muss man wissen, dass es vor mehr als hundert Jahren hauptsächlich reiche Engländer waren, die vor dem hässlichen Winter auf ihrer Insel flohen und an der Riviera fanden, was sie immer gesucht hatten: mildes Klima, gesunde Luft, ursprüngliche Landschaft. Die Einwohner Bordigheras erkannten schnell, dass sie gutes Geld verdienten, wenn sie den

Engländern alles so herrichteten, wie sie es gewohnt waren. Sie servierten auf Wunsch sogar die Spaghetti kalt. Englische Ärzte ließen sich im Ort nieder, man gründete einen Tennisclub und baute einen Bahnhof zur bequemen Anreise. Es gab Geschäfte für schottischen Tweed, Bridge Club und Frisiersalon wurden selbstverständlich, sogar ein Grand Hotel wurde errichtet, erbaut von einem ehemaligen schweizer Kavallerieoffizier namens Adolf Angst: Das berühmte *Hotel Angst.* Nach und nach wurde dieses ligurische Nest zu einer der ersten Adressen für Zelebritäten aus Adel, Politik und Hochfinanz. Das war lange bevor Mussolinis Schwarzhemden den Ort für sich reklamierten.

Unter jenen, die der Faszination Bordigheras erlagen, befand sich auch Monsieur Charles Garnier, der schwer neurasthenische, immer wieder von heftigen Anfällen heimgesuchte, unter Wahrnehmungsstörungen und Wirklichkeitsverzerrungen leidende Architekt der weltberühmten Pariser Oper, der *Opéra Garnier.* Auf der Suche nach einem Rückzugsort vor den Unruhen der Pariser Kommune und getrieben von der Sehnsucht nach Gesundheit für sich und seinen lungenkranken Sohn ließ sich Garnier eine exquisite weiße Villa mit einem Turm bauen. Allerdings war dieser nicht ausschließlich der

Laune seines exzentrischen Baumeisters geschuldet, sondern eigens für den an Tuberkulose leidenden Sohn gedacht: Der Turm war ein Luft-Turm, eine offene Konstruktion mit fensterlosen Bögen, die den vom Meer her wehenden jodhaltigen Winden freien Durchzug gewährten, um damit die Lungen des kranken Kindes zu heilen.

Doch das Paradoxon der Geschichte erfüllt sich auch hier: Garnier hatte mit seiner Villa die Ruhe gesucht, aber mit seinem Namen, diesem Synonym für Erfolg und Moderne, die lärmende mondäne Welt angelockt. Prominenz zieht weitere Prominenz an und nach sich: Englische Touristen, Kunstliebhaber, Architekten, andere italienverrückte Neurastheniker und Asthmatiker. Sie alle träumten den Traum von der idyllischen Abgeschiedenheit, die sie fleißig und mit Nachdruck damit zerstörten.

War es das, was die Menschen an Bordighera so faszinierte? fragte der ruhelose Italiener.

Nein, beantwortete er gestenreich seine eigene Frage, es gab doch noch etwas anderes, nämlich ein Substrat reiseliterarischer Romantik, hervorgerufen von seinem Vorfahren, dem ruhmreichen Cavaliere Giovanni Ruffini. Sein Buch über den berühmten Doktor Antonio hatten alle Engländer in der Tasche, als sie sehnsuchtsvoll Richtung Süden reisten.

Worum ging es in dieser Schmonzette? Der Italiener drängte sich jedem mit seiner Geschichte auf, die er zweifellos schon tausendmal erzählt hatte:

Im Frühling des Jahres 1840 kommt eine von vier Pferden gezogene Kutsche die Grande Corniche entlang, in der Kabine zwei englische Touristen, Sir John Davenne und seine Tochter Lucy. Doch, ach, die Kutsche bricht in Bordighera, Miss Lucy ist verletzt, und zu Hilfe kommt der schöne Dottor Antonio. Natürlich beginnt sofort eine leidenschaftliche Romanze zwischen dem jungen Arzt und der liebreizenden Patientin. Folkloristischer Reichtum, bukolische Szenerien, detailverliebte Darstellung von Land und Leuten, das einfache Leben: die rechte Kost für die englische High Society. Sämtliche viktorianischen Sehnsüchte schienen in einem Ort wie Bordighera vereint – sonniger Süden und britischer Stil. Wie praktisch, dass Ruffinis Roman *Il dottor Antonio* gleichzeitig in London, Edinburgh und Paris herauskam, als habe er sich am Streckennetz der immer komfortabler werdenden Eisenbahn orientiert.

Doch wer verbarg sich hinter dem Namen des Verfassers?

Il dottor Antonio war das Werk des Genueser Juristen Giovanni Domenico Ruffini. Er war ein glühender Anhänger des *Jungen Italien* und lebte als politischer

Flüchtling in England. Sein Roman erschien 1855 ebenfalls in englischer Sprache. Der Untertitel lautete: *A Tale of Italy*.

In Wirklichkeit hatte seine Lebensgefährtin, eine nicht unbegabte Witwe namens Cornelia Turner, große Teile des Erfolgsromans um den romantischen Arzt geschrieben, weswegen Bordighera seinen Ruf einem Mann verdankt, der den dazu passenden Roman gar nicht selbst verfasst hat.

Aber so entstehen Mythen und Legenden, die selbst einem windigen Nachfahren des Exilitalieners zwischen Kisten auf einem Lkw hockend zu Aufmerksamkeit verhalfen, der mit seinem namhaften Vorfahren nicht nur seine angebliche Wichtigkeit als Kurier des Vatikans, sondern auch seine schillernde Existenz legitimierte.

Zuletzt erinnere ich mich, dass auch eine Frau in Männerkleidung unter den Passagieren auf den Evakuierungs-Lkws saß. Sie hieß Ingeborg Seidel, stammte aus Mähren und versah einfache Dienste in der Klosterküche. Auch sie war recht mitteilungsbedürftig und suchte immer jemanden, an den sie hinreden konnte. Schon Tage vor dem Kunsttransport hatte sie mir mit ihrer Lebensgeschichte in den Ohren gelegen. Zugegeben, als junger Theologe machte ich keine schlechte Figur. Meiner Wirkung auf die Weiblichkeit war ich mir seinerzeit durchaus bewusst. Ingeborg verstand es, meine Geduld ebenso wie meine Neugier auszunützen. Morosov hatte mich vor ihr gewarnt. Er meinte, solche Frauen stellten gerne etwas dar, was sie nicht seien, und wickelten einen damit um den Finger. Er nannte sie mit erhobenem Zeigefinger toxisch, doch ich habe seine Bedenken ignoriert, weil ich mich auch ein wenig geschmeichelt fühlte.

Ihrem Auftreten nach zu schließen hatte Ingeborg schon als Kind ein elaboriertes Selbstbewusstsein gehabt. In meinen Augen war sie die geborene kommunistische Agitatorin und Agentin. Ihr Vater, erzählte sie, sei Verwaltungsbeamter gewesen und nach Wien versetzt worden. Dort habe sie die Höhere Schule besucht und sich, frühreif wie sie gewesen sei, für Otto Weiningers Buch *Geschlecht und Charakter* interessiert. Ihr sehnlichster Wunsch sei es gewesen, Ärztin zu werden. Im Alter von 18 Jahren habe sie einen in Krakau geborenen Bühnenmaler namens Prokrozny kennengelernt und kurzentschlossen geheiratet, nachdem sie mit einer Tochter niedergekommen sei, die sie zu fremden Leuten in Pflege gegeben habe.

Ingeborgs Lebensmärchen zufolge reiste sie mit ihrem Mann von Theater zu Theater durch halb Europa und besuchte in Paris medizinische Vorlesungen. Im

Anatomiesaal lernte sie eines Tages einen expressionistischen Maler kennen, mit dem sie ein Verhältnis begann, erkrankte aber an Tuberkulose, trennte sich von ihrem Ehemann, fuhr in die Schweiz und verdingte sich als Hilfskrankenschwester in einer Privatklinik in Arosa. Anschließend ließ sie sich in Zürich nieder. Um eine Wohnung mieten zu können, ging sie eine Scheinehe mit einem jüdischen Berliner Galeristen ein. Sie suchte und fand Kontakt zu den Dadaisten und zur C. G. Jung-Schule, lernte aus einer Laune heraus Hebräisch, trat sogar vorübergehend zum Judentum über und prahlte damit, sie habe 1917 dem von Zürich zur russischen Revolution reisenden Lenin auf dem Bahnsteig die Hand gereicht. Ingeborg erkrankte erneut, zog ins Tessin, freundete sich angeblich mit dem einen „Elegienort" suchenden Rainer Maria Rilke an. Oder war es Hermann Hesse? Das wusste sie nicht mehr so genau. Er hielt sie offenbar für eine Russin. Sie wurde jedenfalls im Handumdrehen seine Geliebte, doch verlor man sich bald wieder aus den Augen und aus dem Sinn. Die rastlose Ingeborg reiste nach Berlin weiter und begann, wie sie betonte, als eine der ersten Frauen ein Studium an einem privaten Psychoanalytischen Institut. Ich vermute jedoch, sie trieb sich dort nur herum, mogelte sich unter die Studenten, schnappte mal dies, mal jenes in den Hörsälen und Kaffeehäusern auf und baute es geschickt in ihr eigenes Selbst- und Weltbild ein. Es dauerte nicht lange und Hilfsschwester Ingeborg gab sich als Frau Doktor aus, obgleich sie wegen ihres fehlenden Abiturs keinen medizinischen Abschluss erwerben konnte. Ein dritter, diesmal weitaus heftigerer Ausbruch ihrer Tuberkuloseerkrankung warf sie wieder aus der Bahn und führte sie zurück in die Schweiz, wo sie während einer Kur begann, sich für afrikanische Kunst zu interessieren und kleine Feuilletons zu schreiben, die hier und dort gelegentlich veröffentlicht wurden. Zurück in Berlin hörte sie mit zunehmender Begeisterung Vorlesungen in Toxikologie und heiratete in dritter Ehe einen aus Galizien stammenden kommunistischen Damenschneider, mit dem sie 1925 nach Moskau übersiedelte, die sowjetische Staatsbürgerschaft annahm und großspurig angab, ihr Studium an der medizinischen Fakultät der Berliner Universität mit Diplom abgeschlossen zu haben. Leider seien ihr allerdings unterwegs sämtliche Papiere gestohlen worden. Sie forschte angeblich auf dem Gebiet der Phytopharmakologie und hielt auf der Grundlage ihrer wilden Belesenheit Vorträge über Gift und Hysterie. Vorgeblich akkreditiert als Korrespondentin für Schweizer Zeitungen entging sie um Haaresbreite den stalinistischen Verfolgungen, floh mit einem ebenfalls verfolgten Geistlichen über die Grenze und folgte dem

Kirchenmann als Köchin und Haushälterin kreuzquer von Odessa nach Varna, über Sofia und Tirana nach Brindisi, schließlich bis Neapel, ehe sie zuletzt auf der Flucht vor den Amerikanern in Montecassino endete, wobei anzumerken bleibt, dass sich ihr Pfarrer längst still und heimlich irgendwo zwischen Skopje und Pristina aus dem Staub gemacht hatte.

Wenige Tage vor dem Kunsttransport hatte sich die Küchenhilfe Ingeborg dem Stabsarzt Dr. Becker aufgrund ihrer behaupteten medizinischen Vorbildung als Lazarettschwester angedient. Er hätte sie auch genommen, denn jede Hand wurde gebraucht, ehe sie sich aus mir unbekannten Gründen anders entschied und nach Rom wollte, um dort den Benediktinerinnen beizutreten und später in der afrikanischen Mission tätig zu werden. Sie konnte schon jetzt ebenso anschaulich wie begeistert von den kleinen Händen der Kinder erzählen, als habe sie schon Jahre in Afrika gelebt.

Was schließlich aus ihr wurde, habe ich nie in Erfahrung bringen können. Vielleicht hat sie in Rom für die Amerikaner gearbeitet, vielleicht ist sie tatsächlich ins Kloster gegangen und hat später Albert Schweitzer in Lambaréné assistiert. Von Afrika als dem Erdteil der Zukunft hat sie immer geschwärmt.

AUFNAHME 5. TAG

Es gibt hundert Wahrheiten
über die gleiche Sache,
und die meisten Wahrheiten stehen
sich gegenseitig im Wege.

Claudio M. Mancini:
Mala Vita

Nach dem Krieg wurde durch die Alliierten der Irrglaube befeuert, jedes einzelne Kunstwerk, das in den chaotischen Jahren des Krieges nach Deutschland gekommen war, sei geraubt worden.

Dabei ist unbestritten, dass zwischen 1938 und 1941 insbesondere durch Hitler und Göring zahlreiche Kunstwerke in Italien legal erworben wurden. Die meisten waren für das geplante „Führermuseum" in Linz bestimmt, Görings Sammelleidenschaft war bereits vor dem Krieg allseits bekannt. Nach der Landung der Alliierten in Sizilien gingen infolge der Kriegswirren zahlreiche Kunstwerke verloren, wurden zerstört oder von Armeen beider Seiten gestohlen. Bald nach Kriegsende machte es sich ein gewisser Gaetano Tancredi zur Aufgabe, die abhanden gekommenen Kunstwerke wieder aufzufinden und nach Italien zurückzuführen. Dabei erklärte er auch legal gekaufte Bilder, Statuen und Vasen kurzerhand zu Diebesgut, das er jetzt heimholen müsse.

Man bildete in Deutschland eine mit Diplomaten, Juristen und Kunstexperten besetzte Regierungskommission, die sich mit der Rückgabe unberechtigt erworbener Kunstschätze befasste. Diese Kommission beging von vorneherein einen entscheidenden Fehler, indem sie in der Rolle des Schuldigen auftrat und sich so verhielt, als plädiere sie zwar nicht auf Freispruch, wohl aber auf Mitleid und Bewährung. Diese Fehlentscheidung machte es Tancredi leicht, seine Forderungen durchzusetzen.

Ich bin im Rahmen meiner Tätigkeiten im Kunsthandel für die Feringa-Stiftung Tano Tancredi bei unterschiedlichen Gelegenheiten begegnet und kann ihn, alles zusammenfassend, nur als zwielichtige Figur bezeichnen. Es gibt Menschen, bei deren Begegnung sich einem die Haare aufstellen. Man muss ihnen nur in die Augen schauen. Er war nach meinem Dafürhalten ein Pirouettendreher auf dem moralischen Schwebebalken. Ich erlebte ihn als krasses Gegenteil meines Freundes Becker, was mich hin und wieder zu dem absurden Gedanken verführte, jeder Mensch habe auf Erden seinen negativen Doppelgänger. Zu jeder positiven existiere irgendwo auch eine negative Ausgabe. So abstrus diese Idee ist, so sehr nahm sie bisweilen, allein verursacht durch diesen Tancredi, von mir Besitz.

Wenn es stimmt, dass die Pferde der Schmiede und die Frauen der Schuster barfuß gehen, wie eine Redensart meiner Heimat behauptet, dann leuchtet es auch ein, dass dieser Sohn eines Gendarmen zum Gauner wurde. Zur Welt kam er an Heiligabend des Jahres 1911 als Erstgeborener eines Tenente namens Giovanni Tancredi und der sienesischen Caterina

Campo. Zwei Jahre später bekam er eine Schwester namens Antonella. Man taufte den Stammhalter nach dem Großvater Gaetano, nannte ihn aber von Anbeginn an Tano.

Tanos Vater wurde nach Florenz versetzt, wo sein Junge eine recht holprige Schullaufbahn begann, die er mehr auf der Gasse als im Klassenzimmer zubrachte. Irgendwann einmal muss er begonnen haben, Abendkurse zu besuchen, die sich hauptsächlich mit Kunstgeschichte befassten, was in Florenz kein Wunder ist. Diese beeindruckten Tano derart, dass er beschloss Künstler zu werden. Für seine Tagebuchaufzeichnungen wollte sich jedoch kein Verleger interessieren. Im Alter von 18 Jahren wurde er Mitglied der Nationalen Faschistischen Partei von Florenz und stellte seine grandiosen Fantasien in den Dienst der Parteizeitung, die ihm zugleich die Möglichkeit bot, sich als angehender Kunstkritiker hervorzutun. Sprachlich begabt und gewandt, überdies von großspurigem Auftreten, gelang es Tano alsbald, Kontakte zu hohen Beamten des Regimes zu knüpfen, die ihm Reisen nach Rom und Mailand sowie den Besuch diverser italienischer Kulturinstitute ermöglichten. Seine Gönner ermutigten ihn aufgrund seines selbstsicheren Auftretens und seiner Sprachfertigkeiten, eine vielversprechende diplomatische Karriere einzuschlagen. Die damit verbundenen Privilegien waren allerdings an die Bedingung geknüpft, dem *Servizio Informazioni Militari* gewisse Informationen zukommen zu lassen. Auf dieser Grundlage erhielt Tano 1937 ein Stipendium für ein Studium der Kunstgeschichte in Deutschland. An oberster Stelle des Bildungsreiseplanes standen Städte wie München und Berlin, aber auch Erfurt und Dresden. Auf Anordnung von General Alberto Pariani, Unterstaatssekretär für Krieg und Koordinator verdeckter Aktionen, wurde Tano die Aufgabe übertragen, Informationen über die Annexion Österreichs an Deutschland zu sammeln und den deutschen Truppenaufmarsch an der österreichischen Grenze zu beobachten. Schien der verwöhnte Tano am Anfang noch höchst erfolgreich in seiner eher nachlässig absolvierten Agententätigkeit, flog er nicht zuletzt wegen seiner Wichtigtuerei und Großsprecherei alsbald auf und wurde 1938 als „unerwünschte Person" aus Deutschland ausgewiesen. Er kehrte nach Florenz zurück, wo die Faschisten begannen, ihn im Auge zu behalten, bis ihm schließlich 1938 von der *Questura di Firenze* verboten wurde, als angeblicher Professor öffentlich Vorträge über Kunst und Literatur zu halten.

Noch vor wenigen Jahren in glühenden Diensten der Faschisten, ging Tano Tancredi daraufhin von der Fahne und schlug sich auf die gegnerische antifaschistische Seite, um in Mailand und Modena weiterhin als *Professore* Vorträge zu halten, aber auch am Netzwerk einer Untergrundbewegung mitzuflicken. Für eine gewisse Zeit verliert sich seine Spur, doch es ist anzunehmen, dass er sich der Partisanenbewegung anschloss, als deren Leiter er 1943 in der Toskana auffällig wurde. Ziel dieser von ihm ins Leben gerufenen Bewegung war es, Kunstdiebstähle deutscher Truppen zu dokumentieren. Um dabei erfolgreich zu sein, organisierte Tano Tancredi mit seiner Kunstraub-Wiederbeschaffungstruppe einige spektakuläre Diebstähle selbst, um sie geschickt den Deutschen unterzuschieben. Dies ist verschiedenen Aktenfunden aus der Zeit sowie Zeugenaussagen von Geschädigten zu entnehmen. Was die Cosa Nostra auf Sizilien mit Schafen und Landmaschinen machte, funktionierte auch mit Kunstwerken in der Toskana. Man klaute, forderte Lösegeld, gerierte sich als Finder und kassierte neben dem Ruhm auch noch den Finderlohn.

Tancredis Hauptquartier befand sich in unmittelbarer Nähe der Uffizien, und er kooperierte unter verschiedenen Decknamen mit der *Sopraintendenza alle Gallerie*. Er unterwanderte mit seinen Gehilfen den von den Faschisten neu eingerichteten *Servizio*

Informazioni Difesa und gelangte auf diese Weise an wichtige Papiere und Befehle der Deutschen, die er außerdem aushorchen ließ, besonders, wenn sie dem redefreudigen diplomatischen Personal angehörten. In Florenz wurde Tancredi ein enger Freund bedeutender Kunstsammler und besuchte Intellektuelle und Künstler wie Giorgio De Chirico und Pietro Annigoni. Schließlich begann er selbst, Kunstwerke zu sammeln. Die Residenz, die 1944 von Tano gekauft wurde, diente aber nicht nur der Aufbewahrung von Kunstgegenständen, sondern auch als operatives Zentrum eines Geheimbundes. Alle relevanten Informationen gab Tano über Mittelsmänner an die Alliierten weiter, bis er erneut wegen seiner Wichtigtuerei von der SS verhaftet und angeblich gefoltert wurde. Man habe ihm den Strick schon um den Hals gelegt, indes später in anderen Aussagen von einer angedrohten Erschießung die Rede war.

Schon damals arbeitete Tano geschickt an seiner Legende als heldenhafter Partisan, die ihm in der Nachkriegszeit eine nahezu unangreifbare Position sowie einen erheblichen politischen Einfluss garantierte. Jedenfalls gelang ihm mithilfe seiner Kumpane eine – wie er in einem Interview einmal angab – „romantische Flucht", und er entkam mithilfe der Partisanentruppen über die Frontgrenze nach Rom in das neue Hauptquartier seines mittlerweile etablierten Kunstschutzbüros. Dieses stand unter dem Kommando der Alliierten, war aber organisatorisch dem Generalstab des italienischen Heeres angegliedert. Immerhin gelang es Tano Tancredi, mit den alliierten Kunstschutztruppen zusammenzuarbeiten und ihnen wichtige Informationen über legal wie illegal erworbene Kunstschätze Hitlers und Görings zuzuspielen. Zwischen 1938 und 1943 hatten die Nazis eine Reihe von Akquisitionen getätigt, die vom Ministerium für nationale Bildung nur halbherzig behindert und von den Faschisten favorisiert wurden. Ungeachtet der Schutzgesetze konnten tausende von Werken aus Privatsammlungen erworben und exportiert werden. Tancredi kehrte schließlich in das befreite Florenz zurück.

Im Herbst 1944 arbeitete er mit dem Informationsdienst des alliierten Kommandos zusammen, doch aufgrund seiner widersprüchlichen Angaben über seine politische Vergangenheit wurden die Amerikaner skeptisch und leiteten eine geheime Untersuchung gegen ihn ein. Er muss den Braten gerochen haben, wurde aber nicht müde zu behaupten, die Deutschen hätten gestohlen wie die Raben. Von dem strikten und auch mehrfach vollstreckten deutschen Befehl, Plünderer zu erschießen, will er nie etwas gehört haben. Auch nicht davon, dass die Feldgendarmerie penibel die Feldpost kontrollierte, dass es zu wenig Transportmöglichkeiten und nur streng rationiertes Benzin gegeben hat. Hinzu kommt, dass zahlreiche italienische Villen von ihren Besitzern verlassen und von der Zivilbevölkerung oder Tanos eigenen Komplizen ausgeplündert worden waren. Zahlreiche nach dem Krieg in den Vereinigten Staaten wieder aufgetauchte Kunstwerke sind zweifellos nicht durch die Wehrmacht dorthin gelangt.

Sein einerseits großsprecherisches, andererseits herablassend arrogantes Auftreten sowie seine zur eiskalten Skrupellosigkeit neigenden Ermittlungsmethoden machten Tancredi allenthalben unbeliebt. Aalglatt wand er sich aus den Anschuldigungen heraus und schaffte es mit Lügen und Intrigen, an die Spitze einer Kommission zur Rückführung von Kunstwerken berufen zu werden. Kühl kalkulierend achtete er dabei auf seinen eigenen finanziellen Vorteil und beschlagnahmte auch durchaus legal erworbene Werke, die er wenigstens eine Zeitlang bei sich behielt, als sei er deren rechtmäßiger Besitzer.

Schließlich wurde er mit seiner Tätigkeit an die von den amerikanischen Besatzungsbehörden in München und Wiesbaden eingerichteten Sammelstellen angebunden. Dort liefen die Informationen zu den in ganz Europa gestohlenen Kunstgegenständen zusammen. Seine Initiativen verschafften ihm weitere Anerkennung und brachten ihn seinem Ziel eines interministeriellen Amtes immer näher.

Der einstige Faschist und spätere Partisan mauserte sich zu einer ebenso anerkannten wie gefürchteten Autorität, an der schließlich keiner mehr vorbeikam. Er war jetzt der mit allen Vollmachten ausgestattete mächtige Mann, hielt einige der nach Italien zurückgebrachten Werke in seinem Gewahrsam und ließ sich neben ihnen in Besitzerpose fotografieren. Bei seinen Mitarbeitern war er wegen seiner Unbeherrschtheit und seiner kalten Arroganz ziemlich unbeliebt, spielte aber mit Emphase die Rolle eines gefeierten Helden, organisierte Ausstellungen, lobte sich schamlos und machte sich unentbehrlich. Aber seine egoistischen Verhaltensweisen und exzentrischen Umgangsformen fielen auch seinen Vorgesetzten auf, führten zu erheblichen Verstimmungen und vergifteten zunehmend die Verhandlungsatmosphäre sowie das Vertrauen der politischen Partner. Sie mündeten zuletzt in der Forderung seiner Amtsenthebung.

Tano Tancredi entwickelte alle Merkmale eines Fanatikers und agierte überaggressiv gegenüber allen, die nicht seiner Auffassung waren oder eine moderatere Vorgehensweise anstrebten. Zugleich fälschte er die Liste der vermissten Kunstwerke, indem er auch Einrichtungsgegenstände wie Vorhänge und einfaches Mobiliar dazuzählte.

Längst wusste man, dass Tano Tancredi mit seinem unmöglichen Benehmen die Wiederherstellung guter Beziehungen Italiens zur Bundesrepublik Deutschland torpedierte. Zeitzeugen berichteten, er habe alle Kunstwerke, derer er habhaft werden konnte, an die Wände seiner Residenz gehängt und sich wie ein Grande des Cinquecento aufgeführt.

Eines Tages habe er sich als glühender Richard-Wagner-Verehrer von der Deutschen Delegation einen Raben gewünscht: den Begleiter Wotans. Sogleich sorgten beflissene deutsche Diplomaten für ein solches Tier, das frei in den Nebenräumen von Tanos Residenz umherflattern und seine Hinterlassenschaften ablegen konnte, aber jedes Mal den Hausherrn laut krächzend und flügelschlagend attackierte, sobald dieser die Türe geöffnet habe. Das Ergebnis war, dass der Rabe letztendlich einem römischen Zoo vermacht wurde.

Ein Lieblingsthema Tancredis sei immer wieder die Restitution von angeblich 1.000 von den Deutschen gestohlenen Kunstwerken gewesen. Alle Nachforschungen über deren Verbleib seien aber ergebnislos geblieben, woraufhin er vorgeschlagen habe, die

Deutschen sollten dann eben 1.000 Kunstwerke aus eigenem Besitz an Italien übergeben. Als schließlich auch noch herauskam, dass in einzelnen Fällen nicht deutsche, sondern italienische Truppen Kunstraub begangen hätten, sei Tancredi fast explodiert vor Wut.

Zuletzt machte er sich auf, auch in Ostdeutschland nach Raubkunst zu suchen. Seine eigenwilligen Ermittlungen führten ihn bis in Chruschtschows Russland, wo die Ausbeute allerdings gering war. Zuletzt geriet er wegen seines herrischen Wesens zunehmend in Schwierigkeiten. Isoliert in der wachsenden Vereinsamung unterhielt er nur noch Kontakt zu einem mafiös aufgebauten Netzwerk von Informanten und Vermittlern, wobei die einzelnen Methoden und Verfahrensweisen von den staatlichen Institutionen immer skeptischer und zuletzt ablehnend beurteilt wurden.

Man beschwichtigte den frustrierten und mürrischer werdenden Tancredi mit öffentlichen Preisen und behängte ihn mit Orden und Ehrenzeichen. Obwohl er den Deutschen mehrfach übel mitgespielt und sie nach Strich und Faden betrogen hatte, schmückten sie ihn mit dem Verdienstkreuz.

Ein in allen italienischen Zeitungen veröffentlichtes Foto zeigt ihn im ordensgeschmückten Frack, wie er mit seinem herrischen machiavellistischen Blick nach oben keinen anderen als den Duce imitiert. In den 70er-Jahren geriet Tano Tancredi immer mehr unter Druck, denn er hatte es mit seinen Eigenmächtigkeiten und seiner rücksichtslosen Vorgehensweise zu weit getrieben und sich die Sympathien zahlreicher Ministerialer verscherzt. Selbst die amerikanische Regierung wandte sich gegen ihn, verdächtigte ihn als Kommunisten und griff auf vertrauliche Memoranden aus seiner diffusen Vergangenheit zurück.

Im Jahre 1971 übernahm Tano die Leitung einer privaten Akademie, wo er sich als bedeutender Professor und Kunstretter inszenierte. Versuchten politische Gegner gegen ihn vorzugehen, bediente er sich der persönlichen Dossiers seines Privatarchives aus seiner Partisanenzeit.

In den letzten Jahren seines Lebens verfolgte Tancredi den Wunsch, in einem eigens für ihn und nach seinen Plänen errichteten Palazzo ein Museum für wiedergefundene Werke zu gründen, das nach ihm benannt werden sollte. Auch dieser Traum ging nicht in Erfüllung. Dieser Mann, dem man sogar nachsagte, er habe den „Bormannschatz" an einen obskuren Schweizer Verleger verhökert, starb ohne Nachkommen einsam in den 80er-Jahren in Palermo an einem Prostatakarzinom. Die Kunstschätze, die er im Palast seiner Träume gehortet hatte, wurden von

Experten auf einen Wert von fünf Millionen DM geschätzt. Darunter waren auch einige Zeichnungen Hitlers aus Bormanns Besitz. Alle angeblich „legal“ erworben.

AUFNAHME 6. TAG

Vecchi peccati hanno ombre lunghe.
Alte Sünden haben lange Schatten.

Italienisches Sprichwort

Von jenem Augenblick an, als ich zum ersten Mal eine Abbildung von Bruegels *Blindensturz* sah, war ich von dem Bild fasziniert. Vielleicht lag das daran, dass es mich an meine Kindheit erinnerte, in der es im Dorf drei Blinde gab, die von den grausamen Kindern viel Spott ertragen mussten. Ich wusste, dass das Original, das heute im *Museo di Capodimonte* in Neapel zu besichtigen ist, unter jenen Kunstschätzen war, die mein Freund Dr. Becker nach Spoleto ausgelagert hatte.

Wovon aber weder er noch die meisten Kenner der Kunstgeschichte wussten, waren die Existenz sowie der Verbleib jenes Skizzenblattes Bruegels, das als Entwurf zu dem Temperagemälde angesehen werden kann. Es war ein mit Feder und Pinsel ausgeführtes, braunstichiges, leicht angeschmutztes Blatt, etwa in der Größe DIN A2, scheinbar flüchtig hingeworfen und doch von vollendeter Schönheit. Ich fand es, an den Rändern ausgefranst, im Archiv der Abtei, zuunterst in einer Mappe verborgen. Da lag es wie ein vergessener Schatten. Als ich es sogleich und ohne nachzudenken an mich nahm, einrollte und zwischen Unterhemd und Kutte versteckte, war mir, als sei ich von Gott selbst ausersehen, dieses Blatt zu bewahren. Ich musste es haben, denn es war mein Anteil an der Kunst. Wie eine unveräußerliche Aktie. Eine Art Mitgliedsausweis eines exklusiven Kreises. Ein Dokument von unschätzbarem Wert. Von da an war ich in ständiger Sorge darum und bin manchmal schier verrückt geworden, weil ich aufgrund widriger Umstände nicht bei ihm sein konnte. Zweifellos war es ein gänzlich hybrider Gedanke, durchdrungen von jener naiven Gläubigkeit, die mich damals auszeichnete.

Auf der Skizze war alles schon in Umrissen und Andeutungen vorhanden, was die spätere Vollendung auszeichnete: das Motiv, das auf ein Christuswort zurückgeht, überliefert im Evangelium nach Matthäus. Jesus bezeichnet darin die Pharisäer als blinde Blindenführer: *Wenn aber ein Blinder den anderen führt, so fallen sie beide in die Grube.*

Die von mir gefundene Skizze in unterschiedlichen Graden der Ausarbeitung zeigt eine Gruppe von sechs Gestalten, die im Gänsemarsch diagonal von links oben nach rechts unten das Bild durchqueren und dabei auf abschüssigem Gelände einer nach dem anderen ins Stolpern geraten. Auffallend ist die beängstigende, zugleich aber mitreißende Dynamik, die hier am Werk ist. Hinter den letzten beiden Figuren sieht man zwischen dürren Baumstrichen ein paar Hausdächer. In der vollendeten Fassung ziehen sich die Hausdächer fast über den halben Hintergrund. Auf der rechten Bildseite ist ein von Bäumen gesäumtes Gewässer angedeutet. Möglicherweise ist es ein Bach oder ein Entwässerungsgraben zur Trockenlegung eines sumpfigen Geländes, als welches unsere Welt durchaus verstanden werden kann. Den Hintergrund bilden ein leichter Hügel und, neben einigen weiteren Bäumen, eine kleine Kirche mit einem spitz zulaufenden Turm. Es sind aber nur wenige Feder- und Pinselstriche, alles ist nur vorläufig, schemenhaft, dann wieder überraschend detailliert und fast ausgearbeitet, als habe der Maler hier seinen Spaß gehabt und dort das Vergnügen an seiner Arbeit schon wieder verloren. Die nahezu gesichtslosen Gestalten tragen Kniebundhosen mit Strümpfen und Schuhen, darüber halblange Kittel, die manchmal von einem Gürtel zusammengehalten werden. Die beiden Figuren in der Mitte haben noch zusätzlich eine angedeutete Gürteltasche bei sich. Über die Jacken haben die Blinden skizzierte offene Umhänge um die Schultern geworfen. Sie tragen auf dem Kopf eigenartig geformte Hüte oder Hauben, wie soeben rasch hingeworfen und doch von perfektem Sitz. Jeder zweite Mann hat einen Stock in der Hand. Auf dem vollendeten Bild hat später jeder einen. Die Blinden sind wie an einer Perlenschnur aufgereiht. Jeder hat die Schulter des Vorangehenden oder dessen Blindenstock erfasst, die Köpfe sind wie entstellt und himmelwärts gedreht, als erwarteten sie eine erlösende Botschaft von oben. Die vorderste Gestalt ist bereits gestrauchelt und liegt mit hilflos emporgestreckten, Halt suchenden Armen im Graben. Der zweite Blinde scheint von dem Gestürzten mitgerissen und soeben im Begriff, ebenfalls hinzufallen. Sein zu einem verzerrten O geformter Mund ist vor Schrecken weit aufgerissen. Man glaubt, die Figur schreien zu hören. Der Vorgang des Strauchelns als Kettenreaktion beginnt genau genommen schon beim Blinden der Bildmitte. Er scheint überrascht von der plötzlich einsetzenden und unaufhaltsamen Dynamik, der er auf Gedeih und Verderb ausgeliefert ist. Er kann ihr nichts entgegensetzen. Die anderen ahnen wie tumbe Toren offenbar noch gar nicht, was ihnen unmittelbar bevorsteht.

Die Skizze schien mir vom ersten Anblick an ein Symbol für die menschliche Existenz zu sein, die uns als Blinde auf Erden darstellt, weder ahnend noch erkennend, dass wir, uns gegenseitig mitreißend, über kurz oder lang fallen und im Graben landen werden.

Vielleicht habe ich diese Arbeit auch deshalb gestohlen?

Erst ein paar Tage später wunderte ich mich, dass sich mein Gewissen nicht gemeldet hatte, denn schließlich hatte ich einen schweren Diebstahl begangen, ich hatte das Vertrauen des Archivars missbraucht, der mich alleine in den weitläufigen Kellergewölben arbeiten ließ, ich habe das Kloster bestohlen, ich habe mich an Bruegel und der Kunstgeschichte vergriffen. Doch es ging eine derartige Faszination von dieser Skizze aus, dass ich sie haben *musste*. Ich fühlte mich als deren Beschützer, ein Kreuzritter wider jene Barbaren, die es unter der Wehrmacht und den Alliierten gab. Ich hatte zu keiner Sekunde die Absicht, das Blatt dem Vatikan zu übergeben und dem Beispiel meines Freundes Becker zu folgen, sondern ich wollte es ausschließlich für mich behalten. Nicht um es zu versilbern, nein, für keinen Preis der Welt sollte es zu haben sein, ich wollte es in meinem Herzen, an meinem Körper bewahren für jetzt und in alle Ewigkeit.

Heute weiß ich, welche große Schuld ich auf mich geladen habe, und wenn eines Tages meine Bibliothek, mein Archiv und meine Schätze respektlos ausgemistet und auf den Müll geworfen werden, dann wird auch diese Skizze darunter sein, womöglich von niemandem erkannt und von keinem geschätzt. Es wird gewesen sein, als habe es das Blatt nie gegeben. Das gilt auch für mich und meine bedeutungslose Existenz. Ich folgte nicht dem Instinkt eines Sammlers, sondern dem eines Beschützers. Es handelte sich um eine Art Mutterinstinkt, die sich vor ihr bedrohtes Kind stellt und es mit allem verteidigt, was ihr zu Gebote steht. Zugleich entdeckte ich eine Leidenschaft in mir, die ich vorher nicht einmal für die Theologie und die Wissenschaften empfunden hatte. Ich war in dieses Objekt meiner Begierde ebenso vernarrt, wie ich von ihm geplagt war. Augenblicklich war eine innere Unruhe in mir am Werk, die sich nur durch die immer neue Betrachtung des Skizzenblattes stillen ließ. Sie hielt mein Lebtag an. Immer wieder holte ich das Blatt aus seinem Versteck, betrachtete es und wurde mir angesichts der Skizze der Flüchtigkeit meines Daseins bewusst. Dann legte ich es emotional aufgewühlt zurück, und mein einziger Trost bestand darin, den Entwurf in meiner Reichweite zu wissen und zu erkennen, dass er eigentlich auf jene Vollendung zielt, die mir im Leben nie vergönnt sein würde.

Noch ein weiterer Impuls machte sich bemerkbar: Sobald ich diesen Hunger gestillt hatte, meldete sich bereits eine neue Lust auf eine zweite Skizze Bruegels, und dann noch eine dritte und so weiter, die mich in die Nähe eines Süchtigen rückte, eines vom *Blindensturz* Besessenen. Schon damals im Kloster durchwühlte ich tagelang fieberhaft das Archiv, fand aber nichts mehr. Es ging mir nicht um das Anhäufen, sondern um den Besitz. Die Suche nach Bruegel-Skizzen wurde zur Triebfeder meiner Tage und Nächte. Das

Zusammentragen und heimlich schützende Aufbewahren von Skizzen, das alles überragende Interesse an der Kunst meines Ersatzgottes, all dies führte nicht nur zu einer schweren Lebenskrise, die sich schließlich wenige Jahre später im Verlassen der Kirche entlud, sondern es bestimmte mein Empfinden für meine eigene blinde Existenz.

Nicht der Krieg und sein Grauen ließen mich vom Glauben an Gott abfallen, sondern die Erfahrung der Kunst. Viele meiner Generation, die vorher gläubige Menschen waren, beschäftigten sich nach dem Krieg mit den Grundfragen ihrer Existenz. Kunst spielte dabei eine wesentliche Rolle. Das mag heute befremdlich erscheinen, damals aber prägte es den Geist der Zeit. Man muss nur auf die Literatur jener Jahre schauen. Es gab viele durchlesene Nächte mit den Büchern von Graham Greene, Romano Guardini, Werner Bergengruen, Stefan Andres und Elisabeth Langgässer, hitzige Debatten über Albert Camus und Jean-Paul Sartre. Die kunst- und kulturphilosophische Abhandlung des österreichischen Kunsthistorikers Hans Sedlmayr mit dem Titel *Der Verlust der Mitte* wurde eine der einflussreichsten Lektüren. Viele junge Männer meines Alters, die alle schwarze Rollkragenpullover trugen, behaupteten von sich, sie hätten ihre Mitte und das rechte Maß verloren. Pascals

Wort *Die Mitte verlassen, heißt die Menschlichkeit verlassen* machte die Runde und wurde wie ein Passepartout auf nahezu alles und jedes anwendbar. Das Sein und das Nichts schienen in greifbare Nähe gerückt, und es wurde in den Kellerkneipen viel geheideggert.

Auf diesen Boden fiel auch das erneute Erlebnis der Lektüre von Buzzatis Roman *Il deserto dei Tartari*, auf den mich seinerzeit schon mein Freund Becker aufmerksam gemacht hatte. Damals galt die Faszination den Riten, Reglements und Parallelen zwischen Militär und Orden, jetzt las ich das Buch ganz anders. Ich habe lange Passagen daraus wie Lebensrezepte in meine Hefte geschrieben: Eine ebenso aufwühlende wie verwirrende Lektüre für einen jungen Mann auf Sinnsuche, weil es sich um einen existenzialistischen Kommentar zum Dasein des modernen Menschen handelt, der pflichterfüllt immer nur auf seine Gelegenheit zur Bewährung wartet, dann aber, die letzte Chance deutlich vor Augen, sinnlos stirbt.

Buzzati und Bruegel waren die Pflastersteine auf dem Weg zu jener Haltung, die man nach dem Krieg als Existenzialismus bezeichnete, der auch bei dem zum *Renouveau catholique* gezählten Gabriel Marcel Spuren hinterließ. Es war nicht mehr lange hin, und ich tauschte das Seminar in Rom mit einer winzigen Dachwohnung in Paris, wo ich mich zwischen Jazzkeller, Café und Universität herumtrieb, um, angeleitet vom Erlebnis der Kunst, Freiheit, Furcht, Angst, Liebe und Scham zu Zeugen meines Taumelns zu machen, eines Taumelns, das jenem der Blinden in Bruegels *Blindensturz* auffällig glich.

Rettung versprach einzig die Kunst. Sie wurde die Quelle meiner Selbstdefinition. Die Entscheidung für meine Einsamkeit erwuchs aus der Tatsache, dass ich nur selten jemanden Gleichgesinnten finden würde, mit dem ich meinen Enthusiasmus teilen konnte, der eine Ahnung hatte von jener verzehrenden Leidenschaft, die der Hingabe eines Spielers an die Roulettekugel gleicht, die so tief in sein Leben eingreift, dass darüber alles andere zur Nebensache wird. Deshalb wurde seinerzeit der Arzt, Kunsthistoriker und Archäologe Becker mein Freund, ohne dass ich ihm auch nur ein Sterbenswörtchen von meinem Schatz gesagt hätte. Er hat nie etwas von meinem Raub erfahren. Nicht einmal ihm habe ich mich anvertraut. Dazu fehlte mir der Mut.

Ich begnügte mich mit dem gegenseitigen Schwärmen von Kunst im Allgemeinen und genoss die Möglichkeit, in ihm einen kunsthistorischen Lehrer zu finden. Nie konnte ich eine andere Beziehung eingehen. Das hat nichts mit irgendeiner Form einer verdrängten Sexualität zu tun, sondern mit einem Eros, den nur jener nachempfinden kann, dem sich ein Bild oder eine Komposition, ein Roman oder eine Skulptur für immer und alle Zeiten unauslöschlich in die Seele eintätowiert hat. Was sollte ich mit einer noch so schönen Frau, solange es irgendwo auf der Welt die Möglichkeit einer unentdeckten Bruegel-Skizze gab, die nur darauf wartete, in meinen Besitz überzugehen? Ich erkannte, dass sich wahre Sammelleidenschaft über sämtliche Grenzen von Moral und Recht, Sitte und Anstand, Religion, Familie und Gesellschaft hinwegsetzt.

Für mich war diese Jagd nicht bloß Entspannung, sondern es war der Brennstoff, der den Motor des inneren Sehnens am Laufen hielt. Mein Stolz wuchs nicht aus dem materiellen Besitz, wie das bei einem Neureichen der Fall sein mag, der nur prunken und angeben will, sondern mein Stolz wuchs aus dem spirituellen Glück der erfolgreichen Jagd und der Liebe zu dem Genie Bruegels, von dem ich schließlich in meiner Verstiegenheit glaubte, er habe nur für mich gemalt. Jeder einzelne Pinselstrich war wie eine Koordinate an meine Existenz angebunden.

Die Ursachen solchen ernsthaften Sammelns liegen angeblich in der Kindheit, habe ich später einmal gelesen. Dieser Theorie zufolge ist das Sammeln mit der Überwindung eines Traumas verbunden, das meist an Einsamkeit und Verlassenheit oder die Angst davor geknüpft war. Hatte ich nicht mein Lebtag das gleichmäßige funkensprühende Schlagen des schweren Schmiedehammers meines Vaters auf den Amboss im Ohr, den Klang beim Beschlagen der Pferde, beim Schmieden einer Sense, hatte nicht genau dies den Rhythmus meines späteren Lebens bestimmt? Hatte ich mich als Kind vor nichts mehr gefürchtet als vor den höllischen Sommergewittern, die das Haus zum Beben brachten, vor dem Herabprasseln des Regens, das klang, als würden Felsbrocken auf das Hausdach geworfen? Dienten nicht magische Gegenstände zur Abwehr solcher Ängste? Gegenstände, die man immer wieder haben musste, weil es immer wieder die Bedrohung von Einsamkeit gab? Lange habe ich geglaubt, die Figur Christi am Kreuz, zu der ich schon als Kind gebetet habe, könne das Gewitter beenden, mit Musik den Donner übertönen und das Gerumpel der Steine auf dem Dach in Harmonien verwandeln. Mit Rosenkranzbeten glaubte ich, meine Kindheitsdämonen in Schach halten zu können.

Wäre mein Sammeln nur ein harmloses Vergnügen, so hätte ein einziges Exemplar genügt und der Hunger wäre gestillt gewesen. Die Magie aber entsteht bei einem Sammler nicht nur durch die außergewöhnliche Zuneigung zu seinem Objekt, sondern auch durch das Freisetzen immer neuer Varianten. Der eine Gott meiner Kindheit war einem Gott der Kunst gewichen. Die Unruhe verlangt immer neue Erwerbungen, so wie Don Juan immer neue Frauen gesammelt hat, ja sammeln musste. Neue Ängste wecken stets neue Bedürftigkeiten. Dazu tritt der subtile Reiz des Aufspürens und Hinterherlaufens, des geglückten Zuschlagens und der Investition von Geduld, Zeit und möglicherweise sogar Geld, belohnt durch die Wiederkehr der Erfahrung des Bannes, die freilich nicht länger währt als einen kurzen Augenblick des Glücks. Kraft der Magie des Sammlerobjektes entsteht jener „palliative Effekt", von dem die Psychopathologie des Sammlers spricht. In meinem Fall haben die Skizzen Bruegels die Sehnsucht nach Partnerschaft und Ehe ersetzt, denn neben meiner Liebe zur Kunst war kein Platz mehr für eine andere Liebe.

AUFNAHME 7. TAG

Die Wahrheiten sind Illusionen, von denen man vergessen hat, dass sie welche sind, Münzen, die ihr Bild verloren haben und nun als Metall, nicht mehr als Münzen in Betracht kommen.

Friedrich Nietzsche:
Über Wahrheit und Lüge im außermoralischen Sinne

War, was ich tat, Kunstraub oder Kunstrettung?

Kein Zweifel: Becker und Schlegel haben Kunst gerettet, ich habe Kunst geraubt. Und doch wollte auch ich sie retten, gleichzeitig allerdings aber auch besitzen. Mein Motiv war verworrener Natur. Hier waren gegensätzliche Elementarkräfte am Werk, die an mir zerrten. Aus dieser Zwangslage kann mich keiner befreien, auch wenn sie bis heute nach außen hin unentdeckt geblieben ist.

Meine aufgewühlten Gefühle wollte ich meinem alten Freund anvertrauen: nicht im Sinne eines bußfertigen Geständnisses, sondern im Geiste einer Erneuerung unserer gemeinsamen Liebe zur Kunst, die wir, bei aller Unterschiedlichkeit der Motive, über alles andere gestellt haben. Noch einmal verlangte mich danach, mich mit Freund Becker vertraulich auszusprechen. Ich wäre sogar zu einem Geständnis bereit gewesen.

Die Nachricht von Beckers Tod machte mir einen Strich durch die Rechnung, und ein Geständnis, das zu spät kommt, ist ohne jeden Wert, sei es auch noch so gut gemeint. Die Bedeutung Dr. Beckers kann von keinem Lebenden angemessen eingeschätzt werden. Erst ein Blick von viel später her wird die Umrisse dessen freilegen, was dieser Mann geleistet hat und rechtfertigen, was auf der Gedenktafel am Eingang zum Soldatenfriedhof Caira in Cassino geschrieben steht, wo Beckers Name gleichwertig neben dem von Schlegel aufgeführt ist.

Nichts ist, wie es scheint, und nichts ist, wie es war. Verbrechen wurden im Krieg auf beiden Seiten begangen. Schließlich hatte das 20. Jahrhundert mehrfach bewiesen, dass es keine unschuldige Nation, nur unschuldige Opfer gab. Das ändert allerdings nichts an meinen *vecchi peccati* ...

Lange Schatten fallen seither in die Stille meiner Zelle. Wenn ich mich jetzt als alter Mann auf jene Tage und all die Geschehnisse besinne, muss ich zugleich erneut an meinen Lieblingsroman *Il deserto dei Tartari* denken und an Giovanni Drogo. Er hat am Ende des Buches, das zugleich das Ende seines Lebens ist, die Festung Bastiani im Rang eines Majors verlassen und sitzt krank in einer ärmlichen Unterkunft.

Pater Remo griff unter seinen Lesesessel und holte ein zerlesenes Exemplar des Buches mit brüchigem Rücken hervor, aus dem er mit zurückgenommener Stimme und nicht ohne erkennbare Rührung sehr langsam vorlas:

„Du hast dich jetzt genug gequält, das Schlimmste liegt endgültig hinter dir, sagt er sich, es ist geschafft, und um deinen Anteil kann dich keiner mehr betrügen.

Jetzt hat die Dunkelheit das Zimmer ganz erfasst. Ein breiter lichter Streifen bleibt – und das weiße Bett. Bald muss der Mond aufgehen. Sieht ihn Drogo noch aufgehen und an seinem Fensterkreuz vorüberstreifen? Die Zimmertür knarrt.

Oder ist es der unruhige Frühlingswind?

Vielleicht ist aber auch der Tod lautlos ins Zimmer getreten und kommt jetzt auf Drogos Stuhl zu?

Giovanni nimmt seine letzten Kräfte zusammen, richtet sich ein wenig auf und bringt mit einer Hand den Uniformkragen in Ordnung.

Noch einmal schaut er aus dem Fenster auf eine Handvoll Sterne dort oben.

Dann lächelt er ins Dunkel, obgleich ihn keiner sieht.“

In Pater Remos Zimmer war es, wie mir schien, noch dunkler geworden.

Ich, der Journalist, der die ganze Zeit vereinbarungsgemäß geschwiegen und mit angespannter, wachsender Unruhe nur das Aufzeichnungsgerät bedient hatte und sich zuletzt in gänzlicher Umkehrung der Situation wie ein Beichtvater vorgekommen war, bemerkte, dass sich der uralte Mann ausgelaugt und erschöpft zurücklehnte.

Friede kehrte in sein Gesicht ein, dessen Züge sich entspannten. Die tiefen Furchen, die während des Erzählens so lebendig geworden waren, fanden in ihre Ruhestellung zurück. Fast erweckten sie den Anschein, als wollten sie sich glätten. Die asketische Strenge des Ausdrucks hatte einer warmherzigen Milde Platz gemacht.

Pater Remo atmete tief, um sich schließlich leicht ächzend in seinem Beichtstuhl vorzubeugen und sich mit zittriger Hand vorsichtig einen Schluck Rotwein aus der Karaffe in sein Glas zu füllen. Mit beiden Händen führte er es langsam zum Mund und schlürfte den Wein wie ein Verdurstender, der soeben eine Wüste durchquert hat. Dann setzte er das Glas ab, sackte ein wenig zurück und tastete nach seinen Unterlagen.

„Mein Freund“, sagte er mit matter Stimme, „ich gebe dir als Quintessenz meiner Lebensbeichte einen Rat mit auf deinen Heimweg. Wenn du ihn dir nicht gleich merken kannst, dann solltest du ihn nachlesen. Er steht in dem Buch *Malanotte*. Glaube mir, von den Stimmen der Nacht verstehe ich etwas.

Lächelt euren Kindern zu, die an euch glauben,
und versteckt euer Gesicht unter ihren Umarmungen,
damit sie eure Lügen nicht sehen und eure Tränen,
versteckt eure Verzweiflung bis zu dem Tag,
an dem euch niemand mehr retten kann.

Samuel Butler hatte schon recht, wenn er sagte, der Unterschied zwischen Gott und den Historikern bestehe hauptsächlich darin, dass Gott die Vergangenheit nicht mehr ändern kann."

Es wurde ganz still im Zimmer. Wenige Augenblicke später fielen Pater Remo vor Müdigkeit die Augen zu. Während ihm unmerklich seine Papiere aus den Händen glitten und er die Deutungshoheit über seine Sicht auf die Geschichte verlor, schlief er mit einem kleinen Lächeln ein. Eine sonderbare Zufriedenheit legte sich wie ein dünnes Tuch über sein Gesicht.

CODA

Ich war während des Heimweges schon auf der Höhe der Brennergrenze, als mich, im Stau stehend, der beklemmende Gedanke beschlich, dass all das, was gerade soeben noch geschehen war, schon sehr bald ganz lange her sein wird.

NACHWORT

Se non è vero, e molto ben trovato, heißt es in den *Heroischen Leidenschaften* des Ketzers Giordano Bruno. Es gehört zu den Fähigkeiten des menschlichen Geistes, Erinnerungen zu verfälschen, schöner oder hässlicher zu machen. Das gilt auch für den Benediktinerpater Remo, der sich zwar verschiedentlich auf Quellen stützt, überwiegend aber aus seinem Gedächtnis heraus erzählt. Erinnerungen erzählen bekanntlich Geschichten nach, die sich einmal ereignet haben. Ihr Ergebnis stimmt meist nicht mit dem überein, wie es „wirklich" war. Aber wie war es „wirklich"?

Dieses Buch ist eine Nacherzählung einer schon mehrfach erforschten historischen Begebenheit. Die beteiligten Personen Dr. Maximilian Becker oder Julius Schlegel und andere sind Figuren der Geschichte. Sie umzubenennen erschien mir unpassend angesichts ihrer Verdienste und der historischen Ereignisse, aber manches von dem, was sie denken und sagen, habe ich ihnen in den Mund gelegt. Beide Männer wurden hier teil-fiktionalisiert. Tano Tancredi dagegen ist eine reine Kunstfigur, frei zusammengesetzt aus verschiedenen historischen Figuren, die der Forschung allesamt bekannt sind. Gänzlich erfunden ist der alte Pater Remo. Fiktionalisiert sind einzelne Aussagen, Handlungen und Haltungen historischer Personen, die sich so nicht ereignet haben, sondern vom Autor frei gestaltet wurden.

Jede Nacherzählung ist eine Interpretation der geschichtlichen Ereignisse. Story steht gegen History. Dabei ging es von Fall zu Fall weder um eine Verächtlichmachung noch um eine falsche Heroisierung von Figuren der Zeitgeschichte, sondern um die literarisch genutzte Möglichkeit, ein Geschehen darzustellen, wie es sich in der Geschichte *hätte* ereignen können.

Jeder weiß, dass Literatur niemals historisch getreu erzählt, wie es war, sondern wie es hätte sein können. Sie lebt vom, ja sie lebt den Konjunktiv. Wenn sie sich dabei historischer Figuren bedient, so nur deshalb, um einen gewissen Grad an Glaubwürdigkeit einer Fiktion zu erzielen. Das gehört zu ihrem Spiel.

Diese Art des „Wahrlügens", die aus der Mischung von Fakten und Fiktion entsteht, sieht sich nicht dem Wahrheitsbegriff der Historiker, sondern dem der künstlerischen Freiheit der Gestaltung verpflichtet. Sie spielt in einem Raum, der von „Wahrheit und Lüge im außermoralischen Sinne" vermessen wird.

G. K., München im Sommer 2021

ANREGUNGEN, QUELLEN, ZITATE

Ohne die Nutzung und Auswertung nachstehender Quellen ist dieses Buch nicht denkbar. Zu ganz besonderem Dank verpflichtet bin ich dem Biografen von Julius Schlegel, Herrn OSR Josef Lang mit seinen detail- und kenntnisreichen Dokumentationen sowie dem Militärhistoriker Oberst a. D. Klaus Hammel für großzügig gewährten Rat und Unterstützung sowie Einsicht in ihre Forschungen, aus denen ich mich bedienen durfte. Des Weiteren schöpfte bzw. zitierte ich aus nachstehenden Quellen:

Améry, Jean: Über das Altern. Revolte und Resignation. Klett. Stuttgart 1968.

Badoglio, Pietro: Italien im zweiten Weltkrieg. Erinnerungen und Dokumente. Paul List Verlag. München und Leipzig 1947.

Barnes, Julian: Vom Ende einer Geschichte. Kiepenheuer & Witsch. Köln 2011.

Buzzati, Dino: Il deserto dei Tartari. Arnoldo Mondadori Edizione. Milano 1945.

Carré, John le: Ein guter Soldat. List Verlag. München 2003.

Chirovici, Eugen Ovidiu: Das Buch der Spiegel. Wilhelm Goldmann. München 2018.

Fuhrmeister, Christian: Die Abteilung „Kunstschutz" in Italien. Kunstgeschichte, Politik und Propaganda 1936–1963. Böhlau Verlag. Wien, Köln, Weimar 2019.

Gatti, Fabrizio: Der amerikanische Agent. Tatsachenroman. Verlag Antje Kunstmann. München 2020.

Giaquinta, Marilina: Malanotte. Stimmen in der Nacht. Launenweber. Köln 2018.

Golisch, Stefanie: Camillo Sbarbaro. Pianissimo. Privatdruck

Haase, Günther: Kunstraub und Kunstschutz. Eine Dokumentation. Band 1. Zweite, erweiterte Auflage BoD. Norderstedt 2008.

Hammel, Klaus: Der Krieg in Italien 1943–45. Brennpunkt Cassino-Schlachten. Osning Verlag Bielefeld. Garmisch-Partenkirchen 2012.

Hammel, Klaus: Das Spannungsverhältnis militärischer Notwendigkeit und Pflicht zur Schadensbegrenzung am Beispiel des Schutzes von Kulturgütern während des Italienfeldzuges 1943–1945. Vortragsmanuskript Ludwigsburg. Stand: 12. März 2014

Hapgood, David/Richardson, David: Monte Cassino. Congdon & Weed Inc. New York, TBS The Book Service Ltd 1984

Hardt, Manfred: Geschichte der italienischen Literatur. Artemis & Winkler. Düsseldorf, Zürich 1996.

Hofacker, Emanuel C.: Rückführung illegal verbrachter italienischer Kulturgüter nach dem Ende des 2. Weltkriegs. Hintergründe, Entwicklung und rechtliche Grundlagen der italienischen Restitutionsforderungen. De Gruyter. Berlin 2004.

Jünger, Ernst: Siebzig verweht. Band V. Klett-Cotta. Stuttgart 1998.

Klinkhammer, Lutz: Die Abteilung „Kunstschutz“ der deutschen Militärverwaltung in Italien 1943–1945. In: Quellen und Forschungen aus italienischen Archiven und Bibliotheken. Bd. 72, 1992, S. 83–549 (Digitalisat).

Kubin, Ernst: Raub oder Schutz. Der deutsche militärische Kunstschutz in Italien. Stocker. Graz 1994.

Lang, Josef: Julius Schlegel. Retter der Kunstschätze des Klosters Montecassino. O. O., o. J.

Lang, Josef: Montecassino 1943 – Rettung vor der Zerstörung. Nationale und internationaler Kulturgüterschutz. BMLVS

Heeresdruckzentrum, Kaserne Arsenal, Objekt 12, Wien 2015 (?).

Longfellow, Henry Wadsworth: Selected Poems. Penguin Classics. London Reprint 1988.

Mancini, Claudio M.: Mala Vita. Knaur Taschenbuch. München 2010.

Munding, Pater Emanuel OSB: Der Untergang von Montecassino. Beuron 1954.

Newton, Henry C.: Report on the Bombing of the Abbazia di Montecassino. In: National Archives Washington. Boxes 260 und 261.

Nietzsche, Friedrich: Über Wahrheit und Lüge im außermoralischen Sinne. Reclam. Ditzingen 2015.

Nooteboom, Cees: Briefe an Poseidon. Suhrkamp. Berlin 2012.

Proust, Marcel: Auf der Suche nach der verlorenen Zeit. 3 Bände. Reclam. Ditzingen 2020.

Remarque, Erich: Arc de Triomphe. Roman. Kiepenheuer & Witsch. Köln 1998.

Sbarbaro, Camillo: Pianissimo. Italienisch-Deutsch. Übersetzt von Gio Batta Bucciol und Thomas Götz, herausgegeben von Raffaella Bertazzoli. Narr Verlag. Tübingen 2000.

Sciascia, Leonardo: Der Zusammenhang. In: Das Gesetz des Schweigens. Sizilianische Romane. Paul Zsolnay. Wien 1998.

Senger und Etterlin von, Frido: Krieg in Europa: Köln. Kiepenheuer & Witsch. Berlin 1960.

Staron, Joachim: Fosse Ardeatine und Marzabotto: Deutsche Kriegsverbrechen und Resistenza. Geschichte und nationale Mythenbildung in Deutschland und Italien (1944–1999). Ferdinand Schöningh. Paderborn, München, Wien, Zürich 2002.

Schüle, Christian: Ein Hauch von Jasmin. In DIE ZEIT vom 15. Juli 2004.

Steinacher, Gerald: Nazis auf der Flucht. Wie Kriegsverbrecher über Italien nach Übersee entkamen. Fischer Taschenbuch. 2. Aufl. Frankfurt/M. 2014.

Tolstoi, Lew: Krieg und Frieden. dtv. München 2011.

Weichelt, Matthias: Der verschwundene Zeuge. Das kurze Leben des Felix Hartlaub. Suhrkamp. Berlin 2020.

Winkler, Willi: Der Schattenmann. Von Goebbels zu Carlos: Das mysteriöse Leben des François Genoud. Rowohlt Verlag. Berlin 2011.

Gerhard Köpf, *1948 geboren, ehemaliger Literaturprofessor an verschiedenen Universitäten des In- und Auslandes, danach Gastprof. an der Psychiatr. Klinik der LMU München; diverse Literaturpreise für sein literarisches Werk (u. a. 1983 Preis der Jury beim Ingeborg-Bachmann-Preis; 1989 Förderpreis Berliner Akademie der Künste, 1990 Raabe-Preis); spielte kleine Rollen in Film und Theater (Münchner Kammerspiele).*

INHALT

Ebenfalls von Gerhard Köpf im Braumüller Verlag erschienen:

Das Dorf der 13 Dörfer

240 Seiten | Hardcover mit Schutzumschlag
€ 24 | ISBN 978-3-99200-185-9

Außerfern

144 Seiten | Hardcover mit Schutzumschlag
€ 18 | ISBN 978-3-99200-212-2

Innerfern

184 Seiten | Hardcover mit Schutzumschlag
€ 20 | ISBN 978-3-99200-214-6

Palmengrenzen

240 Seiten | Hardcover mit Schutzumschlag
€ 22 | 978-3-99200-269-6